A Classe operária vai ao parlamento

O BLOCO OPERÁRIO E CAMPONÊS DO BRASIL

(1924-1930)

A Classe operária vai ao parlamento

O BLOCO OPERÁRIO E CAMPONÊS DO BRASIL

(1924-1930)

Dainis Karepovs

São Paulo, 2006

Copyright © 2006 Dainis Karepovs

Edição: Joana Monteleone
Organização da coleção: Andréa Slemian / João Paulo G. Pimenta
Capa: Clarissa Boraschi Maria
Projeto Gráfico e diagramação: Guilherme Kroll Domingues
Imagem da capa: Cartaz da Campanha Eleitoral Communista do Bloco
Operario e Camponez

Dados Internacionais de Catalogação na Publicação (CIP)
(Câmara Brasileira do Livro, SP, Brasil)

Karepovs, Dainis
  A classe operária vai ao parlamento: O Bloco Operário e Camponês
do Brasil / Dainis Karepovs. – São Paulo: Alameda, 2006. – Passado
presente / organização Andréa Slemian; João Paulo G. ç Pimenta)

  Bibliografia.
  ISBN 85-98325-35-X
  1. Bloco Operário e Camponês do Brasil - História 2. Camponeses
- Brasil - História 3. Comunismo - Brasil - História I. Slemian,
Andréa. II. Pimenta, João Paulo G.. III. Título IV. Série

06–6558   CDD–320.5320981

Índices para catálogo sistemático:
1. Brasil: Bloco Operário e Camponês do Brasil: História 320.5320981

[2006]
Todos os direitos desta edição reservados à

ALAMEDA CASA EDITORIAL
Rua Ministro Ferreira Alves, 108 – Perdizes
CEP 05009-060 – São Paulo – SP
Tel. (11) 3862-0850
www.alamedaeditorial.com.br

ÍNDICE

Introdução 9

1. Do boicote à participação eleitoral dos trabalhadores 13

Os eleitores 14

Como ser eleitor 15

Como se votava 17

A apuração 20

Os primeiros representantes dos trabalhadores 22

Os "amarelos" 23

Os anarquistas 24

1919: os anarco-comunistas no Brasil 27

1922: surgem os comunistas brasileiros 28

A frente única entre comunistas e "amarelos" 33

Santos: a primeira experiência eleitoral 39

Conquistar as massas 42

Uma campanha "a título pessoal" 43

O início da construção da identidade pública 45

2. O Bloco Operário surge na cena política   **49**

O programa   56

A campanha   61

A eleição   68

3. O Bloco Operário põe-se de pé   **71**

Aproximação à pequena burguesia   74

O Bloco Operário e Camponês
se institucionaliza   76

A disputa com os "democráticos"   80

4. 1928: os comunistas chegam ao Legislativo   **85**

A campanha de 1928   87

**5. A bandeira vermelha tremulando
no Parlamento**   **93**

A saída de Azevedo Lima   95

O mandato dos intendentes cariocas do BOC   100

A ação legislativa dos intendentes comunistas   110

A "cassação branca" dos mandatos dos
intendentes comunistas   114

6. O fim do BOC — 119

O VI Congresso da IC — 119

O 10ª Pleno do CEIC — 122

O III Congresso do PCB e os preparativos
do BOC para a eleição presidencial de 1930 — 123

Primeira Conferência Comunista
Latino-Americana — 130

O SSA-IC aperta as cravelhas — 134

O III Pleno do Comitê Central do PCB — 137

O I Congresso do BOC — 140

Em Moscou decide-se o fim do BOC — 147

A campanha presidencial de 1930 — 157

7. Um balanço — 167

Indicações de leitura e arquivos — 173

Agradecimentos — 177

Sobre o autor — 179

INTRODUÇÃO

A Pierre Broué,
Para quem rigor, retidão e revolução sempre foram sinônimos.
In Memoriam.

Desde a proclamação da República já existiam no Brasil partidos políticos que se diziam operários ou se apresentavam candidatos avulsos a cargos proporcionais reivindicando-se da classe trabalhadora, uns poucos, inclusive, chegando-se a se eleger. O fato é que até o surgimento do Partido Comunista do Brasil (PCB), em 1922, o absenteísmo eleitoral era a tônica predominante entre os trabalhadores do país.

Por esse motivo, a eleição de Luís Inácio Lula da Silva para a Presidência da República foi um marco histórico na vida da República brasileira, pois assinalou, pela primeira vez, a chegada ao Poder Executivo de um representante da classe trabalhadora. Até então só haviam ocupado o cargo de presidente da República membros ou representantes da elite político-econômica brasileira. Essa conquista foi o resultado de uma longa trajetória, que se iniciou, efetivamente, nos anos de 1920.

De modo geral, pode-se dizer que tal quadro era, de um lado, resultado da influência das correntes anarquistas entre os trabalhadores urbanos, que recusavam qualquer forma de representação política por enxergarem apenas o caminho da revolução para a destruição do poder público, e, de outro, produto do desinteresse combinado com os entraves legais existentes para a participação política da classe operária. Foi somente após o impacto da Revolução Russa de

1917, que resultou na formação da Internacional Comunista (IC), ou III Internacional, que tal situação começou a ser modificada. Na verdade, a representação política dos trabalhadores e de suas organizações – pois uma das condições de adesão à IC, criada em 1919, estabelecia a participação dos comunistas nos processos eleitorais – transformou-se em uma questão capital no processo de ruptura dos anarquistas brasileiros com a Revolução Russa, a qual haviam apoiado desde os primeiros instantes. Aqueles que abandonaram o anarquismo, como se sabe, deram origem ao PCB.

Por meio de um processo gradual de crescimento, o PCB impulsionou a criação do Bloco Operário (depois Bloco Operário e Camponês e, por fim, Bloco Operário e Camponês do Brasil), pelo qual conseguiu eleger alguns parlamentares e chegou a lançar o primeiro candidato operário à Presidência da República, o marmorista Minervino de Oliveira, o precursor de Luís Inácio Lula da Silva. No entanto, como resultado da combinação entre a conjuntura política nacional e as modificações ocorridas no movimento comunista internacional, o Bloco Operário acabou dissolvido em 1930. Apesar de sua curta trajetória, a experiência pioneira do Bloco Operário serviu para colocar, de modo perene, os trabalhadores, suas organizações políticas e suas reivindicações – muitas das quais, aliás, desde muito antes e até hoje ainda aguardam sua concretização – na arena política brasileira. Com isso ampliou-se o horizonte de suas aspirações, ultrapassando o campo sindical e econômico para adentrar o político e social.

A não ser de modo muito fragmentário, em memórias de antigos militantes e nas histórias da classe trabalhadora brasileira, a trajetória do Bloco Operário, no entanto, nunca foi examinada em seu conjunto. Preenchendo essa lacuna, este livro tem como objetivo estudar esse primeiro momento da participação organizada dos trabalhadores no processo político-eleitoral. Para isso, examinaremos as plataformas eleitorais apresentadas aos eleitores, as formas de estruturação das campanhas eleitorais e a atuação dos parlamentares eleitos, devidamente situadas em seu contexto histórico. Além disso, também julgamos relevante apresentar ao leitor o funcionamento da legislação eleitoral, para que se possam compreender as "regras do jogo" e as dificuldades para a participação dos trabalhadores durante a Primeira República (1889-1930). O estudo do Bloco Operário, destaque-se, não é algo datado, pois traz elementos e situações ainda presentes em nossa história política, propiciando elementos de reflexão ainda hoje válidos: seja pelas reivindicações dos trabalhadores que ainda continuam sem atendimento, seja pelas práticas políticas da elite brasileira, seja pela apropriação privada dos mandatos políticos praticada por essa mesma elite ou ainda por uma série de outros temas com os quais iremos nos defrontar nas páginas que seguem.

É importante, entretanto, alertarmos que o exame da trajetória do Bloco Operário e, portanto, a recuperação de sua atualidade, em razão dos limites desta edição e pela extensão do tema, ficarão restritos à sua atuação no então Distrito Federal – a cidade do Rio de Janeiro –, onde se constituiu a sua experiência de maior visibilidade, excetuando-se apenas um episódio referente ao município de Santos, onde, em 1925, pela primeira vez, sob a legenda denominada Coligação Operária, os comunistas tiveram sua primeira disputa eleitoral e, que, portanto, será aqui vista.

Do mesmo modo, para não sobrecarregarmos o livro e o seu leitor, optamos por evitar notas de rodapé, tomando o cuidado, no entanto, de deixar as citações no contexto de sua época e ocasião, exceto quando expressamente mencionado. Caso o leitor tenha interesse nesse detalhamento o remetemos ao texto que fundamentou este livro e que está indicado no seu final.

Dessa curta experiência da primeira atuação político-eleitoral dos comunistas, em que pesem as dificuldades conjunturais e a difícil construção de uma nova experiência de atuação dos trabalhadores, esperamos que ressalte o que seria e ainda é uma marcante característica dos partidos de esquerda: uma vigorosa disposição em lutar pela expressão e pelos direitos da esmagadora maioria dos cidadãos brasileiros.

1. Do boicote à participação eleitoral dos trabalhadores

Se a instauração do regime republicano impulsionou o desenvolvimento econômico do Brasil, no campo político, no entanto, pode-se dizer que, mesmo com evoluções que refletiram o espírito republicano, foram as permanências vindas do período imperial, sobretudo as de filiação liberal que concebiam a política como o campo de ação de uma elite político-econômica, que deram a sua marca. Há uma desalentadora unanimidade no que se refere a considerar a Primeira República como uma época em que, no campo político-eleitoral, predominaram a fraude e a violência. Embora sob o regime monárquico elas fossem também exercitadas com desenvoltura, os requintes e a amplitude de sua prática na Primeira República fizeram que esse estigma ficasse, com justiça, fortemente colado à sua imagem.

Na Primeira República, com sua política de descentralização e autonomia federativa em contraposição ao centralismo unitarista do Império, a condução da política era feita pelos partidos republicanos estaduais. As elites locais e regionais, esteios do chamado "coronelismo", eram destacadas coadjuvantes nesse controle, ressaltando seu caráter oligárquico. Embora os partidos republicanos locais fizessem sua profissão de fé democrática, foram eles que governaram com mão de ferro os Estados brasileiros. Com a implantação da chamada "política dos governadores" pelo presidente Campos Salles, na virada do século XX, foi que se acordou um mútuo apoio entre as oligarquias regionais e o poder central: "O que pensam os Estados, pensa a União", como sintetizou o próprio Campos Salles. Esse apoio significou a permanência, que já vinha desde o Império, de tais oligarquias regionais no poder.

Os eleitores

Na Primeira República havia uma porta estreita pela qual o cidadão brasileiro tinha de passar para poder vislumbrar o palco político. Era o artigo 70 da Constituição da República dos Estados Unidos do Brasil:

> Art. 70. São eleitores os cidadãos maiores de 21 anos, que se alistarem na forma da lei.
>
> § 1º Não podem alistar-se eleitores para as eleições federais, ou para as dos Estados:
>
> 1. Os mendigos;
>
> 2. Os analfabetos;
>
> 3. As praças de pré, excetuando-se os alunos das escolas militares de ensino superior;
>
> 4. Os religiosos de ordens monásticas, companhias, congregações ou comunidade de qualquer denominação, sujeitas a voto de obediência, regra, ou estatutos, que importe a renúncia da liberdade individual.
>
> § 2º São inelegíveis os cidadãos não alistáveis.

Às condições apontadas nesse artigo da Constituição brasileira juntava-se outra, que não estava escrita em nenhum lugar, mas era uma regra de ouro da Primeira República: as mulheres não votavam. Além dessa restrição, havia mais uma, esta, porém, mais óbvia: somente possuíam direito de voto os brasileiros natos ou naturalizados. Em um país com um elevado contingente de imigrantes, esta também era, no entanto, outra significativa restrição, sobretudo se atentarmos para o fato de que parte significativa deles ficava nas regiões Sul e Sudeste.

Para dimensionarmos, em período próximo ao que aqui examinaremos – pois não houve censo em 1930 –, o que tais restrições significavam, faremos uso dos dados de recenseamento do Brasil realizado em 1º de setembro de 1920. Ele apontou uma população total no país de 30.635.605 habitantes, divididos em 15.443.818 homens e 15.191.787 mulheres. Estas, pela regra não escrita, já eram as primeiras a ficar pelo caminho. Depois das mulheres, era a vez dos homens estrangeiros: 933.521 cidadãos a menos. O primeiro crivo do artigo 70 era o da idade: somente poderiam ser eleitores os brasileiros maiores de 21 anos de idade. Assim, outros 6.008.418 ficavam pelo caminho. Destes ainda devemos subtrair aqueles homens de nacionalidade brasileira e maiores de 21 anos qualificados como mendigos (172.927), praças de pré (69.135) e os religiosos (2.923), conjunto este que totalizava 244.985 habitantes. Restavam, portanto, 5.763.433 homens brasileiros com mais de 21 anos.

Havia aqui um último e relevante quesito de exclusão: o dos analfabetos. Historicamente o Brasil sempre possuiu elevadas taxas de analfabetismo, que ficaram em torno de 60%, pelo menos até 1940. Com a lei não escrita de exclusão das mulheres, este era o critério que mais contribuía para cercear o exercício da cidadania política pelo processo eleitoral. Ruy Barbosa o chamava de "censo literário". O censo de 1920 indicava a existência de 3.572.894 homens analfabetos de nacionalidade brasileira com mais de 21 anos que não tinham o direito de ser eleitores. Assim, apenas 2.190.539 brasileiros tinham o direito de voto em 1920, ou seja, 7,15% da população do país. Esta era, todavia, a população que potencialmente tinha esse direito. A que o efetivamente exercia era bem menor, pois o alistamento e o voto não eram obrigatórios.

Como ser eleitor

As condições de alistamento eleitoral criavam uma redução ainda maior do universo de eleitores. O resultado era de coeficientes que oscilaram, no período de 1926 a 1930, entre 3,4% e 6,5% da população que realmente acabava tendo o direito de decidir por todo o conjunto da população.

O primeiro passo para o cidadão poder exercer seu direito de votar era o seu alistamento. Ele deveria requerê-lo em sua comarca perante uma comissão de alistamento, composta do juiz de direito ou equivalente, como presidente, dos quatro maiores contribuintes domiciliados no município, sendo dois do imposto predial e dois dos impostos sobre a propriedade rural (nas capitais e onde não houvesse contribuintes sobre a propriedade rural, estes eram substituídos pelos dois maiores contribuintes do imposto de indústrias e profissões) – marcando explicitamente a influência do poder econômico no processo eleitoral –, "e de três cidadãos eleitos pelos membros efetivos do governo municipal e seus imediatos em votos, em número igual". A partir de 1916, o alistamento eleitoral foi entregue ao Poder Judiciário, mas o poder e as pressões da oligarquia praticamente tornavam nula qualquer possibilidade de uma atitude independente por parte dos juízes na esmagadora maioria das cidades.

O requerimento de alistamento deveria ser acompanhado das provas de idade superior a 21 anos, de saber ler e escrever e de residência no município, por mais de dois meses – mais tarde aumentado para quatro meses –, por atestado de autoridade judiciária, policial ou de três cidadãos proprietários. A partir de 1916, passou-se a exigir também prova de "exercício de indústria ou profissão ou de posse de renda que assegure a subsistência". Ou seja, voltou-se a exigir renda, como no Império, para ter o direito de votar.

Em São Paulo havia o requinte da "contraprova". Por meio dele, além, por exemplo, de exibir os recibos de aluguel por mais de dois meses (a prova), o eleitor precisava provar que quem assinava os recibos era o proprietário da casa ou seu procurador (a contraprova). Enfim, querer tornar-se eleitor exigia do cidadão uma grande disposição de tempo para a obtenção de provas e contraprovas. Ao final de todo esse processo, se não houvesse um pedido de impugnação, o cidadão receberia seu título de eleitor.

Como se votava

Mesmo depois de alistado, o eleitor, no entanto, ainda tinha a faculdade de não se apresentar nos dias de eleição, o que reduzia ainda mais o número dos que efetivamente tomavam parte do processo eleitoral.

Munido do título, poderia comparecer à sua seção eleitoral, que deveria estar limitada ao máximo de 250 eleitores, situada em um prédio público designado pela Câmara Municipal ou, na falta de número suficiente destes, em edifícios particulares. Tal exceção permitia que a eleição, por exemplo, se realizasse na casa do chefe político local, o que já era um constrangimento para eleitores oposicionistas. Os trabalhos deveriam iniciar-se às 10 horas e encerrar-se às 19 horas e seriam dirigidos por mesas eleitorais compostas pelo juiz de paz mais votado no distrito, como presidente, e outros quatro membros (o segundo e o terceiro juízes de paz e os dois primeiros suplentes). O local destinado ao processo eleitoral deveria possuir uma divisão, que não impedisse a fiscalização, separando a mesa do espaço onde deveriam ficar os eleitores, os quais eram chamados a votar na ordem da relação do alistamento. No espaço destinado à mesa somente poderiam estar seus membros e o eleitor chamado a votar. Este deveria depositar seu voto em uma estreita urna lacrada a cadeado e depois assinar o livro de comparecimento. Essa urna, aliás, era tão estreita que as cédulas se empilhavam umas sobre as outras, fazendo que se pudesse restabelecer a ordem de votação, o que tornava possível definir a identidade do eleitor e o conteúdo de seu voto. A cédula que o eleitor depositava na urna deveria ser fechada de todos os lados, transformando-se em uma sobrecarta. Ela podia ser manuscrita ou impressa em papel branco ou anilado, não podendo ser transparente, nem ter marca, sinal ou numeração. As cédulas que não obedecessem a tais padrões eram apuradas em separado.

O deputado Maurício de Lacerda, em pronunciamento feito na Câmara Federal em 30 de outubro de 1920, inventariou maneiras pelas quais se fraudava o sigilo do voto:

O voto secreto atual consiste em receber o eleitor uma cédula já não à entrada do edifício da seção, já não à passagem da grade que separa a mesa dos eleitores da seção, mas, "à boca da urna" e recebê-la do candidato ou do chefe político que o dirige. São chamados votos de "caixão", votos de "boca de urna".

Quando não se distribuem assim as cédulas, os partidos costumam ter sobrecartas diversas até na cor, de modo que quando o eleitor entra com a cabeça para a urna, já se conhece qual o seu voto e a que partido é dado. Pode, entretanto, suceder muitas vezes o que se chama "emprenhar a cédula", pois inventou-se a chamada "cédula de ferro" que tem impressa no reverso da sobrecarta os nomes dos candidatos votados.

Outra fraude muito comum era o comparecimento às urnas de pessoas empunhando títulos de eleitor de cidadãos falecidos, fato assim comentado pelo deputado estadual paulista Antônio Feliciano, em discurso de 26 de dezembro de 1929:

> E não são só os vivos que votam: votam também os mortos... E é por isso que alguém já disse que, geralmente em S. Paulo, no calendário paulista existem tantos dias de finados quantos são os dias de eleições, com esta diferença, porém: é que nos dias de finados nós levamos o preito da nossa homenagem aos que desapareceram e, nos dias de eleições, o governo faz com que os mortos rendam também a ele, governo, um preito de homenagem, dando-lhes os seus votos!

O voto secreto foi, durante toda a Primeira República, a bandeira central da oposição e daqueles que defendiam a necessidade da manutenção da "verdade eleitoral" sem nenhuma interferência, ou seja, o respeito ao resultado das urnas.

Além disso, não se poderiam ignorar as pressões exercidas sobre os eleitores em seus locais de trabalho, como assinalou um relatório da Coligação Operária de Santos:

A grande maioria do eleitorado está toda segura e ligada por intermédio dos cabos eleitorais que são ao mesmo tempo os chefes das empresas onde o eleitor trabalha. Não existe eleitorado livre e independente. Os políticos, quer do P.R.P., quer do P. Democrático, exercem sobre o eleitorado severa vigilância e controle, por intermédio dos chefes das diversas seções, de cujas empresas são diretores e donos.

Os partidos, muito a propósito, já colocam no diretório ou na chapa de candidatos os diretores e donos dessas empresas, para assim melhor influírem nos eleitores seus empregados. (...)

À porta de cada seção eleitoral fica um indivíduo com a lista dos eleitores que votam naquela seção, assinalando com uma marca a lápis os que votam neste ou naquele partido. Dessa forma sabem os partidos em que candidato o eleitor votou, e os eleitores sabem perfeitamente que se votarem contra seus chefes virão a saber, e estará ele despedido no dia seguinte, na certa.

Para presidente e vice-presidente do Estado, as eleições eram feitas com cédulas separadas, uma para cada cargo, e consideravam-se eleitos os candidatos que obtivessem dois terços dos sufrágios recolhidos.

Já para deputados, o eleitor, em cédula própria, votava em tantos nomes quantos correspondessem aos dois terços do número total a eleger, o que permitia acumular todos ou parte dos votos em um só candidato, bastando, para isso, escrever o nome de candidato inúmeras vezes. No caso de o número total não ser múltiplo de três, um nome seria adicionado para efeitos do cálculo dos dois terços. Posteriormente houve alteração nessa sistemática, definindo-se que o eleitor depositaria uma só cédula, contendo duas partes distintas ou turnos: o primeiro turno era o de voto uninominal e o segundo turno o de voto por escrutínio de lista, na qual o eleitor inscrevia tantos nomes quantos fossem os deputados a eleger. A possibilidade de ter mais votos em um escrutínio ajuda a compreender por que os candidatos a deputado em segundo escrutínio possuíam um maior número de votos dos que os eleitos em primeiro. Tal formato de cédula perdurou até o final da Primeira República.

Esse tipo de cédula também foi feito para atender a um dispositivo da Constituição Federal de 1891, que seria também reproduzido nas várias Constituições estaduais e que permaneceria inalterado nas reformas eleitorais ocorridas na Primeira República, que estabeleceu, com respeito a eleição de deputados, a fixação de um processo eleitoral que garantisse a "representação da minoria". A idéia propalada era que os votos de segundo turno serviriam para eleger oposicionistas. No entanto, basta examinar os resultados eleitorais para constatar que o situacionismo fazia que os votos se distribuíssem de modo a eleger dois ou três membros de sua chapa em primeiro turno e os demais em segundo.

A apuração

Encerrada a votação, a urna era aberta pela mesa, que procedia ali mesmo à contagem dos votos. O resultado era afixado na porta da seção e inscrito em um livro de atas, no qual também se registravam as ocorrências havidas durante a eleição, que era assinado pelos membros da mesa, fiscais e eleitores que o desejassem fazer. Feito isso, as cédulas eram incineradas. O desaparecimento dos votos transformava a ata final de apuração em um documento de grande importância, em torno do qual se travavam intensas disputas, envolvendo a confecção de atas falsas. Tal processo era conhecido como "bico-de-pena".

Depois, a ata era transcrita no livro de notas do tabelião ou do escrivão de paz, e faziam-se dela cópias, que eram enviadas para a Câmara Municipal ou Intendência (prefeitura) do município onde se realizaram as eleições, para a Câmara ou Intendência da capital do Estado.

Na Câmara Municipal das capitais dos Estados procedia-se à apuração geral dos votos de cada Estado, processo esse considerado uma espécie de segundo escrutínio, pois aqui muitas atas de seções eleitorais podiam ser anuladas por vícios ocorridos na eleição. A partir da divisão dos Estados em distritos, as apurações finais para deputado estadual passaram a ser feitas na sede de cada um dos distritos. Com relação aos deputados federais, a apuração final continuou a ser feita na Câmara Municipal das capitais. No caso das eleições para presidente dos Estados, a apuração final realizava-se nas Assembléias Legislativas.

O processo eleitoral encerrava-se nas próprias Casas Legislativas. Nas chamadas sessões preparatórias, os candidatos diplomados compareciam munidos com seus respectivos diplomas e os apresentavam. Aprovava-se uma Mesa provisória que, por sua vez, definia duas comissões de verificação de poderes, às quais competia dar, com base nas atas das juntas apuradoras, que eram feitas pelos métodos já descritos – diplomas, contestações e demais documentos – o parecer reconhecendo a eleição dos candidatos diplomados. Nunca é demais ressaltar o que ocorria aqui: competia aos parlamentares eleitos dar o parecer sobre sua própria eleição. Era, na prática, o parecer dessas comissões que poderia, por exemplo, anular os votos de uma seção, que determinava se o candidato eleito iria ou não efetivamente exercer o mandato. Elas acabavam servindo para barrar o acesso ao Poder Legislativo das eventuais dissidências e oposições.

Tal procedimento na época era conhecido, algo sutilmente, como "Terceiro Escrutínio" ou, então, por uma imagem mais forte, como "Degola". Embora criado no Império, tal mecanismo foi aperfeiçoado na Primeira República e foi a partir dele, na posse do Congresso Nacional de 1900, é que se consolidou a chamada "política dos governadores". Tais pareceres refletiam, infalivelmente, os desígnios dos partidos republicanos hegemônicos, e somente os apresentados na chapa do partido é que, como regra, acabavam sendo eleitos. O reconhecimento de poderes a alguns poucos oposicionistas, ao longo da Primeira República, deve ser visto mais como resultado de acomodações, pressões de amigos poderosos e cessão de vantagens ao situacionismo que o crescimento de uma oposição mais consistente.

Os primeiros representantes dos trabalhadores

Com a proclamação da República em 15 de novembro de 1889, surgiram na cena política brasileira os primeiros partidos socialistas que elegeram parlamentares que se diziam socialistas ou representantes dos operários. O tenente José Augusto Vinhaes foi um deles. Eleito deputado à Constituinte em setembro de 1890, definia-se como socialista e chefe do Partido Operário. Esses parlamentares expressavam uma curiosa combinação entre certos temas socialistas e positivistas, que resultava na defesa de posições como a da necessidade de constituição de partidos operários, mas não pelo estabelecimento de governos de trabalhadores, pois os operários, dizia o próprio Vinhaes, "devido à má educação política e aos preconceitos da sociedade...não têm muitos homens ilustres e nem pessoal técnico para assumirem tão grande responsabilidade".

Outra variante desse mesmo universo foi a representada por João Ezequiel de Oliveira Luz, gráfico, militante socialista vinculado ao Centro Protetor dos Operários e que foi eleito deputado estadual em Pernambuco, no ano de 1912. Em suas memórias, o advogado Joaquim Pimenta relata que – após uma greve que se iniciara na ferrovia Great Western como uma paralisação política em favor da candidatura do general Dantas Barreto ao governo pernambucano, e à qual aderiu significativa parcela dos trabalhadores do Estado – o general resolvera incluir, como "gratidão" ao apoio de sua candidatura, na chapa de deputados à Câmara Estadual um "representante do proletariado". O método de escolha foi significativo: em uma reunião de políticos governistas, estes solicitaram a um dos dois pleiteantes à "vaga proletária" que retirasse de um chapéu um papel com o nome do "escolhido". Ao contrário do tenente Vinhaes, que expunha de maneira clara suas concepções, o gráfico socialista Luz não correspondeu à expectativa de seus eleitores, os quais algum tempo depois deixaram claro que foram ludibriados e passaram a chamá-lo de "falso apóstolo".

Além das características pessoais dos que diziam representá-la, a classe operária brasileira era muito jovem e numericamente reduzida, faltando-lhe, de um lado, um forte lastro de tradições organizativas, seja em nível partidário, seja no campo sindical, e, de outro, uma maior presença na sociedade. Desse modo, a via político-partidária ficou em segundo plano no caminho percorrido pelos trabalhadores brasileiros no sentido de sua construção como classe social capaz de expressar-se na vida brasileira. A principal opção foi a organização sindical que foi ocupada fundamentalmente por duas tendências: os chamados "amarelos" e os anarquistas.

Os "amarelos"

O sindicalismo "amarelo" ou reformista não representava uma corrente política específica. Pelo contrário, era um agrupamento dos mais variados campos ideológicos: socialistas reformistas, sindicalistas, republicanos, positivistas, cooperativistas. Suas diferenças eram minimizadas com uma visão sindical em que a greve era considerada como um recurso extremo; as conquistas trabalhistas eram buscadas por meio de medidas legais – apelando-se aos serviços de advogados, políticos, representantes dos poderes públicos –; buscava-se constituir sindicatos fortes e ricos, tendo a beneficência como forma de assegurar associados e recursos; e por tentar conquistar espaços de participação institucional lançando candidatos próprios nas eleições parlamentares ou apoiando candidatos que se comprometessem com a defesa de seus interesses específicos.

Exemplo extremamente característico de tal tipo de sindicalismo era a Confederação Sindicalista-Cooperativista Brasileira (CSCB). Fundada em 1921, a CSCB teve como seu presidente e principal ideólogo Custódio Alfredo Sarandy Raposo, assumido discípulo do economista francês Charles Gide e do socialista Charles Fourier. Essa Confederação advogava, por meio dos sindicatos e das cooperativas, uma transformação social evolutiva, dentro da ordem política e do progresso econômico. Os sindicatos eram vistos como instituições das quais se serviriam os trabalhadores a fim de buscar um acordo harmônico e eqüitativo entre capital e trabalho, processando-se, por sua vez, a passagem gradual dos meios de produção e distribuição para as cooperativas, que operacionalizariam, assim, a transformação do capital individual em coletivo, tudo isso sob a "assistência imparcial do Estado".

Essa ligação entre o governo e a CSCB era uma via de mão dupla: servia, de um lado, aos propósitos do governo, que buscava formas de neutralização do movimento operário e de controle sobre a mão-de-obra, e, de outro, ao sindicalismo-cooperativista, que enxergava nessa aproximação do governo, além de uma adesão do Estado às teorias preconizadas por Raposo, possibilidades de expansão de sua influência e crescimento de suas organizações.

Os anarquistas

As idéias anarquistas chegaram ao Brasil nas últimas décadas do século XIX com os imigrantes que deixaram a Europa em busca de melhores condições de vida e de trabalho. Muitos dos militantes anarquistas que integravam esse fluxo imigratório fugiam das perseguições políticas que lhe eram movidas em seus países de origem. Aqui, do mesmo modo, eram classificados como "perigosos indivíduos partidários dessa terrível seita destruidora", como o fazia o *Correio Paulistano*, em sua edição de 30 de julho de 1893. Mesmo com a perseguição a que foram novamente vitimados, os militantes anarquistas conseguiram organizar e mobilizar, com a sua ideologia, importantes segmentos da incipiente classe operária urbana brasileira.

Os anarquistas voltavam suas críticas contra todas as formas de Estado e suas instituições, às quais contrapunham uma sociedade sem governo, sem poder e autoridade constituída, na qual se organizaria a produção, o consumo e a vida social por meio da obra direta e voluntária de todas as forças e as capacidades existentes. Para eles, o Estado, burguês ou não, tinha por função impor seus interesses à sociedade, fazendo uso da violência física, pelo aparato repressivo, e institucional, mediante leis e regulamentos produzidos pelos aparatos políticos. Para a consecução de seus objetivos, os anarquistas tinham uma estratégia de luta política: a ação direta. Por meio dela, os anarquistas, que recusavam qualquer forma de representação política, pretendiam se contrapor aos socialistas, que, além da luta sindical e política, também enfatizavam a ação eleitoral e parlamentar como forma de melhoria para as condições de vida dos trabalhadores. A ação direta era um método de ação política fundado na autonomia, na livre iniciativa e na solidariedade e tomava forma concreta por meio de boicote, de sabotagem ou da greve.

No Brasil, os anarquistas dividiram-se em anarco-comunistas e anarcossindicalistas. A distinção entre essas correntes estava no papel do sindicato no contexto da estratégia de ação direta. Os primeiros, que podem ser apresentados como mais "ortodoxos", diziam-se defensores do movimento operário e sindical, mas julgavam que os sindicatos, por sua própria natureza, eram reformistas e, portanto, poderiam fazer que a luta por melhorias e reformas acabasse predominando e estancando o processo revolucionário. Já os segundos, predominantes no Brasil, viam no sindicato seu terreno de ação por excelência, pois ele expressaria claramente os antagonismos de classe, sendo o lugar propício não só para a luta pelas melhorias das condições de trabalho, como também da revolução proletária que poria fim ao capitalismo.

Como conseqüência de sua recusa a qualquer forma de representação política, os anarquistas não concebiam a organização político-partidária dos trabalhadores, porque os partidos atuavam dentro das instituições estatais burguesas e tal ação acabaria por legitimá-las. Desse modo, punham em xeque a instituição representativa na qual se fundava o Poder Legislativo. Afirmavam, de um lado, que a delegação de poderes somente produzia reais efeitos em diminutos grupos e questões específicas. No entanto, diziam que, diante dos maciços corpos eleitorais integrados por centenas de milhares de componentes que não se conhecem e não possuem tempo e instrução para discutir os assuntos de seu interesse e em razão do imenso número de questões às quais os parlamentares têm de fazer frente, o caráter primitivo de representação tornara-se um absurdo. De outro, afirmavam que, em conseqüência, os eleitores acabavam elegendo o político profissional, "o homem que faz da política uma indústria e que a pratica segundo os procedimentos da grande indústria – propaganda, escândalos, corrupção", como dizia Piotr Kropotkin.

As críticas dos anarquistas voltaram-se, sobretudo, contra os sociais-democratas, num primeiro momento, e, depois, contra os comunistas, ambos chamados pelos anarquistas de "socialistas autoritários", por terem se metido "pelos atalhos tortuosos e sem saída do parlamentarismo" e, em conseqüência, por apresentarem a ação fundada no voto, a ação política "legal", como um caminho para a emancipação da classe trabalhadora.

Toda a crítica anarquista, no que se refere à questão parlamentar, pode-se dizer que padecia de uma contradição fundamental: os anarquistas queriam fazer política recusando-se incondicional-mente a lutar na arena política existente, negando-se a constituir partidos, a atuar no legislativo, a participar de eleições e a eleger parlamentares. Tal contradição agravava-se no Brasil em razão do diminuto tamanho da classe operária brasileira, de sua fraca implantação e, conseqüentemente, de sua pouca experiência de combate político. À medida que esse quadro – ao longo do qual o processo de industrialização e, em decorrência disso, o cresci-mento da classe operária foram acentuando-se crescentemente – modificava-se nas primeiras décadas do século XX, a ideologia anarquista foi incapaz de dar conta das respostas necessárias às de-mandas de maior participação na vida, inclusive política, do país feitas pelos trabalhadores brasileiros. Ao mesmo tempo, as lutas de massa à frente das quais os anarquistas estiveram envolvidos no país, particularmente no período entre 1917 e 1919, propiciaram à classe trabalhadora uma experiência prática sobre a incapacidade dos anarquistas brasileiros em lidar com as questões do poder e da política. A partir daí, teve início um estancamento no desenvolvimento do anarquismo no país e seu lento e permanente declínio, o que demonstra um descolamento cada vez maior da sua influência sobre a classe trabalhadora brasileira.

1919: os anarco-comunistas no Brasil

O surgimento do Partido Comunista do Brasil (PCB) resultou de um longo processo de discussão e amadurecimento decorrido no período situado logo após a Revolução Russa até março de 1922. Em 1917, com a greve geral de São Paulo, iniciou-se uma fase de ascensão do movimento operário no Brasil, que foi, na expressão de Astrojildo Pereira, "fermentado pela influência da Revolução Russa e dos acontecimentos europeus seguidos à assinatura do armistício". Em novembro de 1918, ocorreu um fracassado *putsch* anarquista, cujas lideranças, depois de meses de prisão, acabaram absolvidas. Apesar disso, o movimento de ascensão ainda prosseguiu. Pereira mencionou as comemorações do 1º de maio de 1919, em que sessenta mil trabalhadores teriam desfilado pelas avenidas do Rio de Janeiro dando vivas à Revolução Russa ao som de "A Internacional", bem como várias greves ocorridas em 1919, como as de Recife e as de Salvador.

No primeiro semestre de 1919, fundaram-se partidos comunistas no Rio de Janeiro e em São Paulo. Como afirmou Astrojildo Pereira: "era tudo anarquismo, apenas com o rótulo de PCB". Finalmente, de 21 a 23 de junho de 1919, realizou-se no Rio de Janeiro a Primeira Conferência Comunista, com 22 delegados representando grupos de Alagoas, Distrito Federal, Minas Gerais, Paraíba, Pernambuco, Rio Grande do Sul e São Paulo, para a constituição do Partido Comunista do Brasil, que foi interrompida pela polícia, o que provocou a realização de seu encerramento em Niterói.

Em comícios promovidos pelo Partido Comunista do Brasil, os oradores pregavam a abstenção eleitoral e afirmavam, mesmo perante personalidades que entraram em contato com a nova organização, como o deputado Maurício de Lacerda, que não abriam mão de sua postura abstencionista, para não se imiscuírem na "politicalha".

Essa aproximação dos anarquistas foi, sem dúvida, o resultado do entusiasmo causado pela Revolução Russa: as primeiras medidas do poder soviético – desapropriação de terras e tomada das fábricas –, a ascensão que o movimento operário brasileiro então vivia e, particularmente, o produto da falta de maiores informações sobre o que de fato ocorria na Rússia soviética. Desse modo, o fato de os anarquistas terem fundado um partido, que aparenta ser uma contradição, pode ser entendido como resultado de um fenômeno internacional.

Na Europa, nos Estados Unidos e na América Latina, os sindicalistas revolucionários e anarquistas aderiram à Revolução Russa por compreender os conceitos e as instituições postos por ela em circulação à moda "sindicalista", mantendo-se, assim, mais fiéis ao programa sindicalista revolucionário que ao bolchevismo, apenas agrupando-se sob a forma de um "partido". Assim, quando os anarcossindicalistas brasileiros do Partido Comunista do Brasil defendiam a Revolução Russa e o que compreendiam por "ditadura do proletariado", enfatizavam a socialização dos meios de produção através dos sindicatos e os elementos propagandísticos próprios da ação direta.

1922: surgem os comunistas brasileiros

Em meados de 1921, os novos militantes comunistas passaram a dar maior amplitude à sua ação, por meio de reuniões com as principais lideranças do movimento operário, nas quais se discutiam os mais relevantes "problemas da Revolução mundial à luz das experiências em curso na Rússia". Após certo tempo, passou a haver uma clara delimitação a respeito e uma definição de parte da militância em favor dos "bolchevistas". Constatando-se que os debates entre os partidários da III Internacional e os anarquistas cristalizaram ambas as posições, indicando a inutilidade do prosseguimento das discussões, tomou-se a iniciativa de fundar o Grupo Comunista do Rio de Janeiro em 7 de novembro de 1921. A partir de então, o Grupo passou a entrar em contato com outros "centros proletários do Brasil" para expor-lhes seu programa e as 21 condições de admissão na Internacional Comunista (IC) e também decidiu criar uma revista, *Movimento Communista*. Tal ação teve como resultado o surgimento e a consolidação de grupos comunistas no Recife, em Juiz de Fora, Cruzeiro, Niterói, São Paulo, Santos e em outras cidades. Somente no Rio de Janeiro conseguiu reunir "70 aderentes seguros", às vésperas do congresso de fundação do PCB.

No processo de delimitação entre anarquistas e comunistas no Brasil, é importante ressaltar que os primeiros, passado o entusiasmo inicial com que a Revolução Russa foi recebida no Brasil, fizeram questão de destacar que a opção pela via parlamentar feita pelos comunistas era uma das principais causas de diferenciação entre as duas correntes, o que foi destacado por figuras de proa do anarquismo brasileiro em manifesto publicado no jornal paulistano *A Plebe*, de 18 de março de 1922:

> Não podemos aceitar a adesão à 3ª Internacional de Moscou, porque ela é a instituição de uma determinada facção – a comunista-marxista; porque tem por fim o estabelecimento de uma ditadura; porque aceita, embora condicionalmente, a ação parlamentar, que a experiência do passado, e do presente, demonstrou ser danosa para a causa da Revolução Social; porque não obedece à estrutura federalista, pois estabelece normas atentatórias desse princípio e que não são necessárias para uma ação conjunta; e, firmemente, porque pretende estabelecer a dependência da Internacional Sindical à sua direta ingerência.

Depois de quatro anos de discussões em todo o país, as adesões foram modestas. Basta lembrar que os nove delegados presentes ao congresso de fundação do PCB, realizado de 25 a 27 de março de 1922, representavam cerca de 130 militantes.

O 1º Congresso do PCB apreciou e aprovou as 21 condições de ingresso na IC, os estatutos do novo partido, a eleição da Comissão Central Executiva (CCE) e a ação "pró-flagelados do Volga". Dos pontos debatidos na ordem do dia do Congresso de fundação do PCB, o que mais nos interessa fixar aqui é o relativo à discussão e aprovação das condições de ingresso na IC. Desde fins de 1921, o debate sobre essas condições foi um dos principais pontos em torno dos quais se procedeu à nucleação daqueles que iriam aderir definitivamente ao comunismo e fundar o PCB.

As 21 condições aprovadas no II Congresso da IC, em 1920, eram o produto de uma orientação internacional do movimento comunista para provocar cisões nas fileiras dos movimentos operários nacionais para a formação de partidos comunistas. Tal orientação tinha como pressuposto de que o desencadeamento da revolução socialista, particularmente na Europa, era questão de meses, daí a necessidade de formar partidos com lideranças ideologicamente firmes naquele momento. No Congresso de fundação do PCB, embora não tenha havido uma transcrição taquigráfica nem uma ata detalhada dos trabalhos, sabe-se que houve uma minuciosa discussão, ponto a ponto, das condições de admissão à IC. Dentre elas, foi debatido o seu décimo primeiro ponto, que afirmava:

> 11º – Os partidos desejosos de pertencer à Internacional Comunista têm por dever proceder a uma revisão na composição de suas facções parlamentares, afastando os elementos duvidosos, submetê-los, não por palavras, mas de fato, ao Comitê Central do partido, exigindo de todo deputado comunista a subordinação de toda sua atividade aos interesses verdadeiros da propaganda revolucionária e da agitação.

Aqui, embora não de modo direto e de maneira mais particularizada, como na resolução sobre a questão parlamentar também aprovada no II Congresso da IC, os comunistas brasileiros discutiram sua participação nos parlamentos e fixou-se a importância de sua atuação nesse campo.

Convictos, nos primeiros anos de vida da IC, de que a expansão da revolução no continente europeu era iminente, os comunistas formularam, durante o II Congresso da IC, orientações enfocando especificamente a questão do Parlamento. De caráter tático, tais orientações, ao mesmo tempo em que buscavam retomar a tradição oriunda dos tempos da I Internacional de utilizar os parlamentos burgueses com fins agitativos, voltavam-se contra o "arrivismo parlamentar, a corrupção, a traição aberta ou solapada dos interesses primordiais da classe operária" decorrentes da adaptação dos sociais-democratas à "ação legislativa 'orgânica' dos parlamentos burgueses e à importância sempre crescente da luta pela introdução de reformas dentro dos marcos do capitalismo". Formuladas na expectativa de imediata tomada do poder, as orientações da IC davam-se no sentido de utilização das instituições governamentais burguesas para sua destruição, pois os comunistas não consideravam o Parlamento como uma das formas da futura sociedade comunista. Assim, tanto campanhas eleitorais como a própria atuação dos parlamentares ocorriam com o objetivo de mobilizar "as massas sob as consignas da revolução proletária", estabelecendo as seguintes diretrizes: os candidatos deveriam ser escolhidos entre operários; cabia ao Comitê Central dos partidos comunistas controlar a atuação dos parlamentares, com direito a veto, pois estes eram responsáveis perante o partido e não ante a massa anônima que os elegeu; depurar os grupos parlamentares comunistas dos reformistas ou semi-reformistas; os parlamentares comunistas deveriam unir o trabalho legal ao ilegal, valendo-se de sua imunidade; a atuação parlamentar estava subordinada à ação extraparlamentar do partido, e suas proposições legislativas deviam ser utilizadas como instrumento de agitação e propaganda; sob controle do partido, os parlamentares deveriam buscar relações com os trabalhadores revolucionários e estar à disposição das organizações comunistas do país; e, por fim, os parlamentares deveriam fazer uso de uma linguagem simples e direta, ao mesmo tempo que usariam da tribuna para desmascarar a burguesia e seus aliados, propagar as idéias da IC e enfrentar o capitalismo em todas as suas atitudes.

O legado anarcossindicalista, entretanto, deixara suas marcas. Logo após a fundação do PCB, ocorreu uma manifestação pública dos comunistas brasileiros em relação às eleições, no primeiro número do jornal regional de Santos, *Vida Nova*, lançado em 1º de maio de 1922. Em sua apresentação pública, os comunistas de Santos dedicaram um texto à questão da participação nas eleições: "Nós e as eleições". Nele, as eleições no Brasil eram classificadas como uma grande comédia, "um arremedo de consulta à vontade da maioria", e que eram de um "cinismo revoltante". Para justificar sua afirmativa, apresentavam como evidência a eleição presidencial, disputada em 1º de março de 1922 entre Arthur Bernardes e Nilo Peçanha, vencida pelo primeiro. Para os comunistas de Santos, ambos apresentaram plataformas idênticas e se distinguiam apenas pelo fato de o primeiro ser um personagem mais apagado, portanto mais conveniente às elites de vários Estados, e o segundo ser um homem de honestidade duvidosa. Da narração do que classificavam como "nojenta politicalha", concluíam que, apesar de organizados em Partido Comunista, não deveriam os comunistas enviar representantes ao Parlamento. Impossível não ver na argumentação no artigo de *Vida Nova* relações com posições muito assemelhadas às dos anarquistas. Ainda que não as mencionem explicitamente, percebe-se que os comunistas de Santos tinham conhecimento das decisões do II Congresso da IC sobre a questão parlamentar.

Mesmo cientes da existência de um posicionamento categórico da IC com relação à participação dos comunistas no processo eleitoral e nos parlamentos, havia uma resistência, decorrente da formação anarquista de grande parte dos militantes que compuseram o núcleo inicial do PCB, a atuar nesse campo. Essa discussão, no entanto, não pôde ser desenvolvida em razão da eclosão da revolta de 5 de julho de 1922, quando o governo de Arthur Bernardes decretou estado de sítio e o PCB teve sua sede invadida e fechada pela polícia, além da prisão de vários militantes e do confisco de seus arquivos e da sua documentação. Assim, o PCB acabou posto na ilegalidade.

A frente única entre comunistas e "amarelos"

A clandestinidade fez que o PCB voltasse suas diminutas forças para a doutrinação e formação de quadros. Tal situação foi alterada com a implementação de uma política de frente única com a Confederação Sindicalista-Cooperativista Brasileira (CSCB), no bojo da qual se discutiu a questão da "ação político-parlamentar".

No primeiro semestre de 1923, a CSCB entrou em contato com o PCB para propor um entendimento e uma ação comuns e oferecer-lhe um espaço na "coluna operária", "No Meio Operário", mantida pela central no jornal oficioso do governo, *O Paiz*.

Sobre esse gesto da CSCB, não existem documentadas suas exatas motivações, apenas podendo-se especular se seria mais uma forma de pressão para a obtenção dos pleitos da entidade junto ao governo ou, então, se isso não era uma manobra audaciosa para tentar conquistar para o sindicalismo-cooperativista a adesão dos comunistas ou, mais, sua neutralização. Recorde-se que desde julho de 1922 o país vivia sob estado de sítio, o que permite supor que o governo, particularmente no que se refere à utilização das páginas de *O Paiz*, se não teve a idéia, no mínimo permitiu que se fizesse tal proposta aos comunistas. Ou, quem sabe, ainda, se a proposta de CSCB não seria resultado de uma combinação dessas hipóteses.

Os comunistas, de sua parte, não titubearam em aceitar a proposta em razão de um novo campo de intervenção que lhes era aberto a partir de então. Nessa oferta da CSCB, quando até então sua frente de ação e debate circunscrevia-se praticamente aos meios anarquistas, estavam inseridas possibilidades de penetração e difusão das idéias comunistas em setores da classe operária brasileira, aos quais, naquela ocasião, os militantes do PCB tinham pouco ou nenhum acesso. Além disso, as possibilidades de difusão dos pontos de vista do comunismo no Brasil ampliavam-se mais ainda pelo uso das páginas de *O Paiz*.

Do ponto de vista da política sustentada pela Internacional Comunista, duas questões reforçaram a atração pela proposta: a frente única proletária e o cooperativismo. Sobre este último ponto, nos III e IV Congressos da IC, realizados em 1921 e 1922, respectivamente, foram aprovadas teses e resoluções sobre o tema, nas quais se enfatizava a participação dos comunistas no movimento cooperativo. Ao mesmo tempo, se tal conjunto de documentos reiterava o caráter reformista das cooperativas, por pregarem a neutralidade política e a idéia de que se poderia, gradualmente, sem passar pela ditadura do proletariado, chegar ao "socialismo", ele propunha que os militantes da IC deveriam propagar as idéias comunistas dentro do movimento cooperativo e fazer da cooperação um instrumento da luta de classe pela revolução.

Sem dúvida, o principal ponto era a frente única proletária. Esta foi uma tática de características aparentemente defensivas desenvolvida pela IC, que, modificando seu diagnóstico das perspectivas de revolução mundial imediata – que passava de meses para anos –, tinha como pressupostos o refluxo quase que generalizado dos movimentos revolucionários, a ofensiva capitalista contra o nível de vida das massas e suas conquistas políticas e sindicais, a percepção da divisão da classe operária em partidos que se antagonizavam e a constatação de que os trabalhadores ainda se referenciavam nos partidos social-democratas, os chamados partidos reformistas. Perante tal quadro, os comunistas chegaram à conclusão de que era necessário unificar as forças do proletariado em uma frente única para lutar contra o capitalismo e, por meio dessa tática, buscar a conquista da maioria do proletariado para as suas idéias. Para isso, essas lutas deveriam dar-se pela luta em comum em ações práticas por reivindicações parciais (jornada de oito horas, aumento de salários etc.) e poderiam, valendo-se de todas as possibilidades oferecidas pela democracia burguesa, chegar até formas mais avançadas, e aceitáveis para os social-democratas, como a participação dos comunistas em governos social-democratas, chamados desde então de governos operários e posteriormente rebatizados como governos operários e camponeses.

Ambas as diretivas, tanto a relativa à das cooperativas como da frente única, foram elaboradas tendo em vista a panorâmica européia, sobretudo a social-democracia daquele continente. À sua época, a frente única gerou muita resistência entre os principais partidos comunistas, pois muitos de seus dirigentes avaliavam que a tática tendia a apagar as diferenças entre socialistas e comunistas.

No caso brasileiro, o PCB, em seu relacionamento com a CSCB, adaptou a política de frente única às características nacionais. Evidentemente, tal adaptação deixou de fora o principal objeto de foco da orientação da IC: a social-democracia. No Brasil não havia nada que a ela se assemelhasse no que se refere a penetração, influência e tamanho. Enquanto o anarquismo ainda tinha uma significativa importância ideológica no meio sindical, mas quantitativamente não apresentava efetivos na mesma proporção, o sindicalismo-cooperativista, por sua vez, era uma "salada ideológica" que agrupava um número relevante de trabalhadores representados em suas entidades. No entanto, o PCB, ao classificar a CSCB de "reformista", de "social-pacifista" etc., acabava por gerar um discurso no qual a etiqueta "social-democrata" colava-se ao sindicalismo-cooperativista e, portanto, voltava à CSCB o foco da política da frente única.

Durante essa aliança entre o PCB e a CSCB, surgiu no interior desta o debate sobre a "ação político-parlamentar". Até então a CSCB era infensa a ela. No entanto, tal postura não era consensual, pois havia setores do sindicalismo-cooperativista que a advogavam. Estes afirmavam que as principais causas da decadência do país eram a "desorientação e a falta de independência e autonomia dos poderes legislativos federal, estadual e municipal". Para remediar essa situação, era imprescindível a "intervenção enérgica e sistemática do povo, atuando livremente, de posse do seu direito soberano de escolher os seus representantes" e, também, a atuação "pertinaz" da CSCB. Cabia, pois, aos representantes eleitos pelo povo fortalecer o Poder Legislativo. No entanto, em nada se diferenciando dos liberais brasileiros de seu tempo, acreditavam que o exercício do mandato legislativo cabia a um "verdadeiro corpo de profissionais" (engenheiros, médicos, jurisconsultos, higienistas, sociólogos, industriais), enquanto aos trabalhadores cabia apenas armar-se não com dinamite, mas com o título de eleitor e não se abster de votar. Obviamente, os comunistas não partilhavam de tais pontos de vista, mas valeram-se do debate para confrontar-se com os anarquistas.

A discussão em torno desse ponto teve como objetivo quebrar a resistência entre os trabalhadores à participação no Parlamento. Ao fim de um longo debate de meses, foi incorporada ao corpo doutrinário da CSCB a questão da participação dos processos eleitorais, já então sob o novo nome, "ação político-parlamentar-proletária". Todavia, destaque-se a maneira pela qual essa mudança foi introduzida: ela ocorreu sob a forma típica da tradição bacharelesca brasileira, que nada definia, ou seja, caberia à direção da CSCB o desencadeamento de qualquer ação nesse sentido "logo que julgue oportuno" fazê-lo.

Os comunistas, por seu turno, não se entusiasmaram com o resultado final. Se para o PCB era importante demarcar a necessidade de uma "ação político-parlamentar", não tinha sentido fazê-lo por meio e com o perfil resultante de tais concepções liberais e, tampouco, que a CSCB se envolvesse diretamente na questão, como se fosse um partido, em vez de, como pretendia o PCB, de apenas apoiar candidatos dos trabalhadores. Da mesma forma que os sindicalistas-cooperativistas, os comunistas também fizeram questão de demarcar a compreensão que possuíam a respeito dessa questão. Para tanto, fizeram uso das páginas de *O Paiz*. Nelas foram explicitadas as distinções entre as concepções socialista e comunista sobre o uso do Parlamento e, particularmente, deixavam claro que, se participavam do Parlamento, eles tinham consciência de que os problemas fundamentais da luta de classe – e sua substituição por "formas mais ou menos veladas da conciliação de classes" – não tinham sua forma mais elevada no Parlamento.

Em dezembro de 1923, com a suspensão do estado de sítio, os comunistas brasileiros, pela primeira vez em sua trajetória, decidiram participar das eleições previstas para fevereiro de 1924 para deputados federais. Tal participação se daria apenas no Distrito Federal, pois a direção comunista avaliava que apenas no Rio de Janeiro havia condições de obter algum resultado. O candidato, um operário, seria apresentado por um "Bloco Operário" com um programa de reivindicações operárias. Assim, pretendia o PCB, dava-se à campanha um perfil de classe. O nome escolhido pela direção comunista recaiu sobre o gráfico João Jorge da Costa Pimenta, um dos fundadores do PCB.

A propósito do nome "Bloco Operário", é importante esclarecer que a primeira menção a ele, no âmbito da IC, foi feita em uma reunião do seu Comitê Executivo, em junho de 1922, em que se discutia a respeito do Partido Comunista Francês (PCF) e sua participação no bloco das esquerdas. Leon Trotsky afirmou ali que se deveria opor a este um Bloco Operário. Na resolução sobre o PCF, também redigida por Trotsky, afirmava-se que, embora sedutora, à idéia de Bloco das Esquerdas deveria se opor a de "Bloco de todos os operários contra a burguesia". Posteriormente, a idéia foi retomada pelo PCF, que, em de 1923, propôs ao Partido Socialista a constituição de um "Bloco Operário e Camponês", que acabou disputando as eleições de maio de 1924, sem a presença dos socialistas.

Em uma reunião realizada em 23 de janeiro de 1924, da Comissão Central Executiva do PCB, definiram-se as diretrizes da campanha de Pimenta, além das atividades a serem mantidas até a realização do II Congresso do PCB, previsto para julho de 1924. Além da campanha em si, o mesmo documento estabelecia que um número de janeiro/fevereiro de 1924 do órgão central do PCB, *Movimento Communista*, reproduziria as teses da IC sobre o parlamentarismo.

A polícia, no entanto, tentou impedir a criação do Comitê Nacional do Socorro Vermelho Internacional, proibiu a realização de uma reunião de homenagem a Lenin – falecido em 24 de janeiro – e prendeu vários militantes comunistas. O número previsto de

Movimento Communista não foi publicado, e o II Congresso do PCB acabou sendo adiado para maio de 1925, com a supressão do ponto voltado para a questão parlamentar. Além disso, o PCB, apesar de ter chegado a lançar, pelo Bloco Operário, a candidatura de Pimenta a deputado federal pelo Distrito Federal, não pôde desenvolvê-la e levá-la a termo. A direção do PCB explicava o fato em razão da recusa da entrega do título de eleitor ao candidato, o que talvez pudesse ser atribuído à "inexperiência" inicialmente alegada em relação ao assunto e também à falta de apoio da CSCB, que "depois de remarchar muito, alegou...à última hora que...achava que era tarde demais".

No início de 1924, já existiam elementos de ruptura entre o PCB e a CSCB, mas não houve um rompimento ostensivo, sobretudo pelo fato de que a nova decretação de estado de sítio e o desencadeamento da repressão ao movimento operário decorrentes da revolta paulista de 5 de julho de 1924 impediram sua clara manifestação. Em relatório enviado ao Comitê Executivo da IC, o PCB, no entanto, deixou claros os elementos de divergência. Em primeiro lugar, o PCB se deu conta de que os efetivos da CSCB eram muito menores que os anunciados, além de serem "trabalhadores ainda muito atrasados, sem nenhuma experiência política revolucionária, manobrados em tempo de eleições pelos politiqueiros burgueses". Em segundo lugar, os comunistas perceberam que as relações diretas com a "massa organizada" da CSCB não se faziam diretamente, mas sim por meio de seu presidente, Sarandy Raposo, que protelou o quando pôde tais contatos, provavelmente para não "revelar a fraqueza da CSCB". Por conta disso, Raposo passou então a ser qualificado como "reformista maquiavélico". Mas, sobretudo, o que estremeceu as relações foi o fato de os comunistas terem percebido claramente as manobras de Raposo em suas relações com o governo de Arthur Bernardes.

Se, ao final desse processo, ficou clara a percepção das tentativas de cooptação dos comunistas por parte da CSCB, é inegável que a possibilidade de difusão das idéias comunistas feitas pelas páginas de *O Paiz* tornou possível jogar as bases de um crescimento orgânico do PCB. Nomes, como Minervino de Oliveira, Roberto Morena, e entidades sindicais, como as dos têxteis, dos marmoristas e outras, que mais tarde tiveram influência comunista em sua direção, certamente encontraram nessa convivência na CSCB as bases de sua adesão ao comunismo. Também se deve destacar o fato de a discussão sobre a "ação político-parlamentar-proletária" ocorrida na CSCB ter contribuído para que se colocasse na pauta do movimento operário brasileiro a questão da participação dos trabalhadores nos processos eleitorais.

Santos: a primeira experiência eleitoral

Embora mais de uma vez a direção do PCB tivesse manifestado a intenção de que o início de sua participação em processos eleitorais no Brasil devesse dar-se no Rio de Janeiro, ela acabou, de fato, ocorrendo na cidade paulista de Santos, em novembro de 1925.

Santos – cidade portuária do litoral paulista e principal escoadouro da produção cafeeira do país – era, depois da capital, o município mais populoso do Estado de São Paulo e possuía uma população trabalhadora composta por um elevado número de imigrantes, particularmente portugueses, que se engajava principalmente nas atividades relativas ao transporte portuário, à infra-estrutura urbana e construção civil.

Quanto à representação dos trabalhadores no legislativo municipal, até então ocorrera em Santos o que se passara em outros recantos do país, ou seja, apresentavam-se às eleições em geral profissionais liberais que, por força de suas atividades, tinham um maior contato e vivência com as classes populares e, como candidatos avulsos ou pertencentes a efêmeros partidos "socialistas", "populares" etc., arvoravam-se em defensores dos trabalhadores, conseguindo obter o apoio de várias de suas entidades representativas.

Já o PCB em Santos, de seu pequeno núcleo inicial de dois militantes quando da fundação do partido em 1922, passara a ter, em 1926, uma significativa implantação entre os trabalhadores da cidade: das oito categorias organizadas em entidades sindicais, os comunistas tinham uma influência relevante e militantes entre os trabalhadores de hotéis e restaurantes e simpatizantes entre os comerciários, condutores de veículos (carroceiros), trabalhadores em café (carregadores ensacadores), padeiros, trabalhadores da construção civil e trabalhadores de carga e descarga do porto. Apenas na associação dos pescadores não havia manifestação da presença de simpatizantes do PCB.

Tal situação fora um dos resultados da nova orientação de "conquistar as massas operárias à influência comunista", resultante do II Congresso do PCB, acontecido em maio de 1925. Tal diretiva impulsionou os comunistas de Santos a superarem a repressão resultante da rebelião militar de São Paulo, de 5 de julho de 1924. Essa orientação os fez decidir que era necessário "quebrar a pasmaceira": organizar e unificar o movimento dos trabalhadores santistas, frustrando a reação da burguesia à sua organização, além de "propagar e definir a luta de classe", bem como desmascarar "pretensos candidatos do proletariado".

Para isso, estava posta uma forma distinta de luta, a eleitoral. Os comunistas de Santos afirmavam que o caminho da conquista da hegemonia na sociedade passava pela via das eleições, mas não se daria por ela. Esse discurso, que tinha como base a organização e a coesão dos trabalhadores, e ainda fundado na política de frente única, evidentemente, era feito de modo cuidadoso para pôr de lado o debate sobre a questão da via insurrecional, fórmula básica do receituário bolchevique.

Logo após o II Congresso do PCB, os comunistas de Santos participaram da criação do Partido Trabalhista de Santos, em 29 de junho de 1925, com vistas à disputa eleitoral para renovação da Câmara Municipal, a realizar-se em novembro daquele ano. O novo partido não era composto apenas por aderentes individuais, mas a ele também se filiaram organizações de caráter sindical.

Ao ser informada da criação do novo organismo, a direção do PCB, entretanto, manifestou o seu desagrado e enviou a Santos o novo encarregado sindical do partido eleito no II Congresso, Joaquim Barboza de Souza, com o fim de demover os comunistas locais da idéia de participação no novo partido. Barboza convenceu os comunistas locais de que a criação de um novo partido serviria para criar confusões que prejudicariam apenas o trabalho do comunismo e que o Partido Trabalhista, de significação política diametralmente oposta ao comunismo, deveria ser substituído por uma legenda, a Coligação Operária, a qual teria apenas fins eleitorais, sem caráter permanente. Deliberou-se, assim, em agosto de 1925, a criação da Coligação Operária e definiu-se que seu programa seria supervisionado pela CCE do PCB.

A Coligação Operária, para evitar a dispersão de votos, decidiu lançar apenas um candidato às eleições de novembro de 1925: o garçom comunista João Freire de Oliveira. Para a eleição de 29 de novembro de 1925, um domingo, dos cerca de 120 mil habitantes de Santos, estavam habilitados a votar algo em torno de 3.200 eleitores, isto é, 2,6% da população. Nesse dia, quando caíram fortes chuvas, as quatorze seções da cidade, e mais as dos Distritos de Guarujá e Cubatão, receberam 1.913 eleitores para escolher os doze vereadores santistas, o que resultava em um quociente eleitoral de 159 votos para se obter uma vaga de vereador em primeiro turno. Os candidatos do Partido Republicano Municipal receberam 1.499 votos, e João Freire de Oliveira obteve 34 sufrágios. Assim, o partido situacionista elegeu onze candidatos, e a décima segunda vaga coube ao oposicionista Antônio Feliciano.

Deve-se ressaltar nessa experiência, mais que o fraco resultado eleitoral, o pioneirismo da iniciativa. Se, de um lado, ela se viu comprometida pela falta de preparo e experiência, seus méritos, de outro, precisam ser avultados, pois eles se referem ao fato de a Coligação Operária ter, ao mesmo tempo, colocado na ordem do dia de toda a sociedade questões que até então se julgavam pertencer exclusivamente ao mundo do trabalho e, em uma situação de repressão e clandestinidade a que se submetia então o movimento operário, ter posto em ação uma forma organizativa que foi posteriormente aperfeiçoada pela prática.

Conquistar as massas

Embora ainda estivesse em vigor o estado de sítio, houve um certo abrandamento em meados de 1925, o que permitiu, inclusive, que os comunistas realizassem o seu II Congresso de 15 a 18 de maio. Essa foi a ocasião para homogeneizar uma visão política do Brasil já consolidada há tempos no seio da direção partidária, assim explicitada por Astrojildo Pereira em relatório enviado ao Secretariado da IC em outubro de 1923:

> Resumindo: país de economia principalmente agrária, a política geral do Brasil é principalmente determinada pelos interesses predominantes dos grandes senhores agrários, chefiados pelos "fazendeiros" de café (S. Paulo e Minas); na oposição – efetiva, latente ou em formação – a essa política encontram-se os representantes dos interesses da indústria e do comércio (Rio de Janeiro à frente), bem como das classes médias e intelectuais, que procuram apoiar-se nos Estados importantes não cafeeiros; as massas laboriosas, operários e camponeses, são ainda, em conjunto, orgânica e politicamente informes, nenhuma influência característica de classe exercendo na política nacional ...A esses fatores de "oposição liberal" devemos acrescentar um terceiro fator: o militar. O exército brasileiro é tradicionalmente liberal. Foi o exército – imbuído das doutrinas positivistas – que fez a República e tem invariavelmente participado de todas as campanhas liberais travadas no País.

A essa leitura sobre o país, o II Congresso do PCB agregou o que ali foi chamado de "fator imperialista": a vinculação das lutas políticas nacionais, "não raro determinantemente", às disputas econômicas entre os imperialismos inglês e norte-americano. Cada um dos imperialismos, resultando em uma visão mecanicista que perdurou durante muitos anos, acabava sendo vinculado a uma das frações da burguesia nacional: "agraristas" e "industrialistas", respectivamente.

Para concluir, o II Congresso apresentou o quadro do proletariado urbano e industrial (estimado, com base no censo de 1920, em um milhão de trabalhadores, sendo trezentos mil operários da indústria fabril, duzentos mil operários dos transportes e quinhentos mil de outras categorias) e do proletariado rural e os lavradores pobres (calculados estes em sete milhões). Por tais números, definia-se o Brasil como um país essencialmente agrícola. Do ponto de vista político, os "operários agrícolas e lavradores pobres" eram categorizados como nulos. Quanto aos "operários urbanos e industriais", embora mais concentrados, eram apresentados como uma "massa heterogênea, difícil de organizar".

Com base nesse contexto, o II Congresso definiu as tarefas imediatas do partido: manter a luta ideológica contra anarquistas e socialistas, "manobrar as forças proletárias como forças independentes", conquistar ou neutralizar a pequena burguesia, iniciar o trabalho entre as "massas camponesas" e, finalmente, conectar esse trabalho com o movimento revolucionário internacional, isto é, com a IC, e o combate ao imperialismo. Apesar de o II Congresso haver definido a interpretação comunista da política brasileira, suas resoluções deixavam o PCB ainda isolado da sociedade. Se, por um lado, ficava estipulada a questão da independência de classe, por outro, não se apontava de modo claro – devendo "traçar a linha de conduta a seguir em cada caso dado...subordinando-se o particular ao geral, a batalha ocasional ao objetivo final visado" – o caminho da aproximação com a pequena burguesia revolucionária, nem quais eram exatamente suas propostas para a sociedade e, especialmente, para os trabalhadores.

Uma campanha "a título pessoal"

Pouco mais de um ano depois, o Comitê Executivo da Internacional Comunista (CEIC), por meio de uma carta do italiano

Palmiro Togliatti – membro do Secretariado da IC para os Países de Língua Espanhola *(sic)* – dirigida à CCE do PCB e datada de 2 de julho de 1926, tratava alguns aspectos das resoluções do II Congresso. Considerando justas, "em suas linhas fundamentais", as resoluções, Togliatti chamava a atenção para o fato de que os esforços do imperialismo norte-americano para estabelecer sua hegemonia no Brasil tendiam a tornar a situação interna do Brasil cada vez mais aguda. Se isso ficara compreendido no II Congresso, os comunistas brasileiros não souberam, de acordo com Togliatti, expressar em reivindicações políticas suficientemente claras o seu programa, pois este deveria não apenas conter "uma indicação geral das tarefas do partido, mas também precisar as palavras de ordem políticas pelas quais luta o partido, os objetivos que almeja e pelos quais chama as massas a lutar com ele". Assim, ante as perspectivas de exacerbação da conjuntura política, tal carência provocava o temor de que o partido não fosse capaz de ter um papel considerável nesse quadro, bem como não permitiria que o partido aparecesse com sua própria fisionomia diante das massas e de seus adversários.

No início de 1926, a CCE foi procurada por "pequenos burgueses liberais que desejavam incluir um candidato operário em sua lista" para as eleições municipais marcadas para 1º de março de 1926. No entanto, o PCB não tinha intenção naquele momento de fazer alianças com nenhum grupo eleitoral. Por isso, valendo-se do pretexto da não-existência do voto cumulativo nas eleições para intendente do Distrito Federal em 1926, a CCE avaliou que o partido não deveria aparecer nas eleições como tal. No entanto, o responsável sindical na CCE do PCB, Joaquim Barboza de Souza, teve seu nome inscrito, "a título pessoal", entre os membros da chapa liberal. Certamente, essa solução foi, de um lado, uma maneira de os comunistas não fecharem totalmente as portas à "pequena burguesia liberal" e, de outro, um modo de terem mais uma experiência prática em disputas eleitorais.

Assim, no início de fevereiro de 1926, três deputados federais pelo Distrito Federal, João Batista de Azevedo Lima, Adolpho

Bergamini e Vicente Ferreira da Costa Piragibe, provavelmente os já mencionados "pequenos burgueses liberais", lançaram um manifesto apresentando as duas chapas de oito nomes cada para os dois distritos eleitorais nos quais se dividia o Rio de Janeiro, entre eles Joaquim Barboza de Souza, pelo 1º Distrito.

Embora não alimentasse ilusões com respeito ao resultado das eleições, às quais houve um baixo comparecimento, o PCB foi duplamente derrotado. De um lado, com a fraca votação obtida por Joaquim Barboza: apenas 900 votos. De outro, com a vitória de Luís de Oliveira – oitavo candidato mais votado no 1º Distrito, com 4.761 votos –, cuja candidatura os comunistas haviam denunciado e combatido.

Em 1º de março, além das eleições para intendentes do Distrito Federal, também ocorreram eleições presidenciais, às quais foram apresentadas as candidaturas únicas de Washington Luís e Fernando Mello Vianna, a presidente e vice-presidente. Perante as eleições presidenciais, o PCB não chegou a fazer um pronunciamento formal. Em 1926, em um artigo de Octavio Brandão publicado no órgão noticioso da IC, *La Correspondance Internationale*, logo após as eleições, Washington Luís foi caracterizado como um típico representante dos fazendeiros e se prognosticou ali que o seu governo iria manter a mesma política antiproletária exercida durante o governo de Arthur Bernardes. Nesse artigo, a diferença para o posicionamento da eleição anterior era a existência "do" partido da classe operária. Com o jovem e audacioso PCB, prognosticava Brandão, a situação seria diferente no futuro, pois, apesar de tudo, "as massas operárias começavam a testemunhar sua simpatia pelo Partido", o que lhe permitiria "criar sólidas posições".

O início da construção da identidade pública

A abstenção nas eleições de 1926 também pode ser compreendida como um resultado das resoluções do II Congresso do PCB, nas quais transparecia uma visão de que ao partido, como portador da "verdade operária" e titular dessa "reserva de domínio", não era necessário exercê-las de modo contínuo e permanente diante da sociedade, bastavam apenas as críticas ao governo feitas por intermédio da sua imprensa. Tal postura, como vimos, aliás, foi alvo das críticas feitas por Palmiro Togliatti, que muito insistiu, como forma de estabelecer tal ponte, na apresentação e difusão de um programa concreto de reivindicações políticas e econômicas imediatas.

Pouco depois das eleições, o PCB iniciou os preparativos para a comemoração do 1º de Maio, lançando este extenso documento a que se referiu Togliatti, um "verdadeiro programa de reivindicações imediatas", datado de 18 de março. Embora destinado para o 1º de Maio, e apesar de sua forma de catálogo de reivindicações e palavras de ordem (com 115 itens) distribuídas ao longo de vários tópicos, acabava esse documento transformando-se em uma plataforma política nacional do PCB, a qual, atendendo à orientação da CCE, deveria ser adaptada às realidades locais.

No programa, em seus segmentos relativos às reivindicações nacionais de caráter geral – as quais, aliás, refletem mais um ponto de vista urbano, pois as reivindicações relativas ao campo ainda são muito incipientes –, deparamos com temas como habitação operária, jornada de trabalho, aplicação da legislação operária, cooperativas e ensino.

Havia um grupo de questões tratadas nas chamadas reivindicações "políticas". Há, no programa de 1º de maio de 1926, uma considerável ampliação e aprofundamento no conjunto desse tipo de reivindicações. Embora, sem dúvida, persista uma visão de que tais questões são mais pensadas em referência ao mundo do trabalho, é inegável que palavras de ordem como restabelecimento das liberdades constitucionais, voto secreto e obrigatório, direito de voto às praças de pré e às mulheres, facilidade do alistamento eleitoral, direito de reunião e revogação de todas as leis de exceção têm uma amplitude social muito maior e muitas delas faziam parte de plataformas políticas de diversos grupos de oposição ao regime, como os "tenentes", diversos partidos políticos etc. Isso revela, de um lado, um certo esforço no sentido da aproximação com setores da pequena burguesia urbana que integravam esses grupos e, de outro, embora isso não fosse então pensado absolutamente dessa forma, a busca da ampliação do exercício da cidadania por parte das classes trabalhadoras.

Enfim, vislumbrava-se aqui a ausência de uma maior experiência no trato de vários temas por parte dos comunistas de então e a existência de um processo empírico e assistemático de construção de um núcleo de proposições a fim de travar um diálogo com a sociedade brasileira, a qual já vinha, desde o início dos anos de 1920, dando mostras, ainda que sem uma maior organicidade e coerência, de insatisfação com o regime político vigente. Esse processo sofreu uma grande evolução nas eleições para deputados federais que aconteceram em 1927.

2. O Bloco Operário surge na cena política

O momento em que os comunistas brasileiros exerceram sua primeira experiência de participação eleitoral de uma forma que eles julgavam a mais próxima do ideal – apresentar-se abertamente como PCB – foi antecedido por um ajuste nas teses do seu II Congresso.

Nas resoluções do II Congresso estava delineada uma aproximação, muito confusa e desconfiada, com a pequena burguesia. Aqui, já com menos ressalvas, a questão da aliança do proletariado e seu partido com a pequena burguesia urbana era mais concreta, e notava-se uma maior compreensão por parte dos comunistas a respeito da necessidade da ampliação do espectro social ao qual buscavam se dirigir. Ainda era, no entanto, uma postura que, politicamente, a julgar-se pelas ressalvas feitas, punha dificuldades para a consecução de alianças, as quais, para serem feitas, exigem, ao menos em tese, uma certa disposição para acomodações ou concessões das partes, o que não se nota muito nesse momento pelo lado comunista.

O processo de sucessão de Arthur Bernardes, com a escolha de Washington Luís, foi a expressão da continuidade do domínio oligárquico no Brasil. A unanimidade na definição do nome e a baixa presença às eleições – ainda que a sucessão se desse sob a vigência do estado de sítio – eram indicadores de que o nome de Washington Luís, empossado em 15 de novembro de 1926, não se fazia acompanhar de grandes mudanças no país. No período decorrido desde sua eleição, em 1º de março, até a posse e daí até os primeiros meses de 1927, no entanto, em termos políticos, houve algumas expectativas ligadas à distensão da conjuntura. A primeira delas, que acabou se verificando, foi o fim do estado de sítio, sob o qual o país vivera praticamente durante todo o quadriênio presidencial de Bernardes. A outra foi a possibilidade de anistia aos opositores e aos militares rebeldes "tenentistas", o que inclusive teve efeitos na decisão de internação da Coluna Prestes na Bolívia.

A anistia, no entanto, apesar da libertação de muitos opositores sem culpa formada, acabou não acontecendo. No fundo, ambas as esperanças refletiam o grande desgaste causado ao regime republicano pelos quatro anos de governo de Arthur Bernardes, e, aos olhos dos brasileiros, sua saída do poder significou a retomada da normalidade das instituições, sentimento esse que acabou tornando a posse de Washington Luís um evento entusiástico. Tal normalidade, destaque-se, considerada do ponto de vista das elites da chamada Primeira República, tinha seus limites, tanto é assim que o nome escolhido para suceder Arthur Bernardes era associado à frase "A questão social é um caso de polícia".

No vislumbre de uma modificação na situação política, os comunistas brasileiros tiveram como meta, naquele instante, ao mesmo tempo em que defendiam a teoria da "terceira revolta", a participação política nos marcos da legalidade burguesa por meio da via parlamentar. Na verdade, isso também serve para dimensionar uma evolução na postura do PCB, que começava a compreender a necessidade de, como partido que almejava ser uma referência de massas, possuir várias frentes de atuação, funcionando de maneira coordenada e subordinadas ao seu objetivo maior, que era a conquista do poder.

A construção da via parlamentar, pela constituição do Bloco Operário, foi sendo preparada durante o período em que ainda vigia o estado de sítio. Nesse sentido, foram feitos contatos preliminares com algumas personalidades políticas do Distrito Federal, como o deputado federal João Batista de Azevedo Lima e o intendente municipal eleito do Distrito Federal, mas ainda preso e não empossado, Maurício Paiva de Lacerda, e organizações do mundo operário.

João Batista de Azevedo Lima nasceu no Rio de Janeiro, em 1889. Filho de pai médico e neto, por parte de mãe, de João Batista dos Santos, barão, depois visconde de Ibituruna, formou-se em medicina, profissão à qual se dedicou, mesmo após seu ingresso na política, o que ocorreu em 1917, quando se elegeu intendente do Distrito Federal. Novamente eleito em 1920, não chegou a concluir seu mandato em razão de ter sido eleito deputado federal em 1921, reelegendo-se sucessivamente até 1930. Azevedo Lima constituiu, como resultado de sua ação como médico e como parlamentar, um eleitorado fiel no distrito eleitoral de São Cristóvão. Sua atuação como deputado ganhou destaque a partir de 1924, quando se tornou opositor do governo de Arthur Bernardes – por se recusar a participar do processo de "degola" de Irineu Marinho à vaga de senador pelo Distrito Federal – e passou, após as revoltas "tenentistas", a ser um dos poucos parlamentares a dar, pela tribuna da Câmara do Deputados, vazão aos apelos e às denúncias dos revoltosos e a criticar as arbitrariedades e os atos de violência, corrupção e desperdício do dinheiro público realizados pelo governo, sob o regime do estado de sítio, e com a "indulgência passiva" da esmagadora maioria governista com assento no Congresso Nacional.

Maurício Paiva de Lacerda, advogado, era filho de Sebastião Eurico Gonçalves de Lacerda, ministro do Supremo Tribunal Federal, e irmão do médico Fernando e do advogado Paulo, ambos militantes do PCB; nasceu em 1888 na cidade de Vassouras, no Estado do Rio de Janeiro. Após trabalhar para a eleição presidencial de Hermes Rodrigues da Fonseca para o quatriênio 1910-1914, Maurício de Lacerda obteve um mandato de deputado federal no ano de 1912, mesmo ano em que seu pai fora nomeado pelo presidente da República para o Supremo Tribunal Federal. Reeleito sucessivamente até 1921, quando perdeu o mandato em razão de sua oposição ao governo de Epitácio Pessoa, Lacerda foi, na Câmara dos Deputados, um defensor de causas relativas ao mundo do trabalho e um dos patrocinadores da chamada legislação social, que buscava regulamentar as relações entre patrões e empregados. Desenvolvera por isso uma polêmica atuação, sendo classificado tanto de demagogo como de "bolchevista". Por envolver-se nas conspirações "tenentistas", acabou sendo preso em 5 de julho de 1924. Na prisão, resolveu aceitar o lançamento de sua candidatura a intendente no Distrito Federal nas eleições de 1ª de março de 1926, na "Chapa Vermelha", sendo o segundo mais votado no 2º Distrito.

Pouco antes de sua libertação, Lacerda foi procurado por um grupo de militantes comunistas, os quais lhe vieram propor a adesão ao Bloco Operário e o lançamento de sua candidatura, nas eleições de 24 de fevereiro de 1927, a deputado federal por um distrito, enquanto o PCB apresentaria seu próprio candidato em outro distrito. Além disso, esse grupo afirmou que faziam mais questão da candidatura de Maurício de Lacerda pelo Bloco Operário que a de Azevedo Lima. Lacerda recusou a proposta. Afirmou que continuaria o "mesmo amigo livre" e que, "se a revolução política vencida ou evoluída facultasse a abertura da revolução, eu lhes estenderia a mão, no Parlamento ou fora dele", mas que, para manter sua coerência, se recusava a filiar-se a partidos. Além disso, aconselhou os comunistas a apresentar uma "candidatura vermelha", "afirmativa e pura", a qual, mesmo que derrotada, seria muito melhor "que fingir que faziam um deputado", palavras estas, como veremos, que se revelaram proféticas.

Do processo de aproximação de Azevedo Lima com o PCB, pode-se vislumbrar algo por meio de sua trajetória anterior. Datam de 1924 seus primeiros contatos com as idéias comunistas, chegando a enviar correspondência a Leon Trotsky, ao comissário das Relações Exteriores, Tchitcherine, e a Gregori Zinoviev informando sobre suas atividades e pedindo apoio para uma viagem de "instrução política" à URSS, que acabou não se realizando. Foi aconselhado por Trotsky a, "como adepto das idéias comunistas e amigo da União Soviética", a desenvolvê-las no Brasil, em conjunto com o PCB.

A partir de 1925, por ocasião da leitura, no plenário da Câmara dos Deputados, do programa do Bloco Operário, o parlamentar, no entanto, passou a divulgar documentos comunistas, a denunciar torturas, violências policiais cometidas contra operários e militantes do PCB e expulsões de comunistas estrangeiros do território brasileiro etc. No dia 3 de outubro de 1926, o diário carioca *A Manhã* publicou entrevista de Azevedo Lima, na qual se declarava favorável ao reconhecimento *de jure* da URSS recentemente dado pelo governo uruguaio e nela também defendia que o governo brasileiro fizesse o mesmo. Ao mesmo tempo participava de comemorações e atos promovidos pelo PCB.

É fácil intuir-se a enorme empolgação da parte de Azevedo Lima com as idéias comunistas e a Revolução Russa. Insuficiente avizinhação, no entanto, para que Azevedo Lima ingressasse nas fileiras do PCB, pois havia mútuas resistências: aparentemente, para manter sua independência, de um lado, e, pela desconfiança dos comunistas em relação às suas "origens pequeno-burguesas", de outro.

Das negociações com o Bloco Operário, Azevedo Lima apenas impôs uma condição: o respeito ao seu compromisso de apoio ao médico Oswaldo de Moura Nobre nas eleições municipais de 1928.

Algum tempo antes das negociações com Maurício de Lacerda e Azevedo Lima, o PCB recebera uma oferta inesperada por parte de Leônidas de Rezende, um professor de Direito que, juntamente com Lacerda, editara um jornal de oposição que fora fechado pelo estado de sítio em 14 de julho de 1924. Desde então, sem atividades públicas, aproximara-se das idéias comunistas pela leitura de Marx e Engels, mas, de modo curioso, pretendia conjugá-las com as positivistas de Auguste Comte. Em fins de agosto de 1926, Rezende propôs aos comunistas a retomada da publicação do jornal, dessa vez como órgão comunista a serviço do PCB.

Ao findar-se o estado de sítio, em 31 de dezembro de 1926, o PCB já tinha articulada sua estrutura básica para participar das eleições no Distrito Federal para escolha de deputados federais: um candidato com expressão eleitoral própria, grandes chances de eleição e disposto a apoiar a plataforma do Bloco Operário (o que serviria para tentar auxiliar um candidato comunista no outro distrito e obter o número de votos necessários para sua eleição) e um jornal diário para levar seus pontos de vista a uma grande parcela da população carioca, muito além da atingida até então pelo partido.

Assim, no dia 3 de janeiro de 1927 aparece o primeiro número de *A Nação*. No cabeçalho, do lado esquerdo do título, havia o símbolo comunista da foice e do martelo, ao qual era sobreposto o dístico do *Manifesto Comunista*, "Proletários de todos os países, uni-vos!", encimava-o um trecho do hino "A Internacional", "Não há direitos para o pobre, ao rico tudo é permitido".

No segundo número de *A Nação*, a CCE publicava uma declaração de apresentação do PCB à sociedade, coisa que pela primeira vez tinha a oportunidade de fazer em sua história, emergindo de uma clandestinidade de quase cinco anos. Nesse texto, diante do que avaliava ser a volta da normalidade institucional, os comunistas colocavam a questão da legalidade do PCB, ou seja, de sua institucionalização. Argumentavam que nos países mais avançados e industrializados existiam partidos comunistas legais, com jornais, editoras, escolas e assento nos legislativos de todos os graus, e que no Brasil também cabia a existência legal de um.

No dia 5 de janeiro de 1927, a primeira página de *A Nação* trazia uma Carta Aberta. O documento afirmava que o "proletariado e as classes laboriosas em geral" de todo o Brasil vinham manifestando vivo interesse pelas eleições, ocorrendo, pela primeira vez, a possibilidade de sua intervenção direta e independente nesse processo. Ressalvando as experiências de Santos, em 1925, e a de Joaquim

Barboza, em 1926, o PCB afirmava que "jamais o eleitorado operário do Brasil participou de uma campanha eleitoral nacional como força própria, como classe independente, apresentando um programa de reivindicações ditadas por seus interesses e aspirações de classe". Mas as coisas estariam mudando. Em primeiro lugar, pelo fato de os comunistas julgarem que o proletariado brasileiro "já vai adquirindo uma consciência de classe" que já se refletia e projetava no terreno eleitoral. Essa "consciência de classe" lhe ditava a necessidade de votar em "autênticos representantes seus ao parlamento nacional". Nesse ponto, operava-se uma importante modificação: não se falava mais aqui em candidato operário genuíno, como nas eleições anteriores, mas sim em "candidatos que representam realmente seus interesses de classe independente". E, em segundo lugar, outro sinal de mudança era o fato de o proletariado ter percebido, como já existia em outros países, que havia um partido comunista no Brasil, que era a sua vanguarda consciente e defendia seus interesses e suas aspirações.

Era na condição de mandatário da classe operária que o PCB se dirigia a três grupos de interlocutores, que representavam grupos de pessoas ou de entidades que se apresentavam como defensores dos trabalhadores no campo político. O primeiro era o das personalidades políticas, representadas por Maurício de Lacerda e Azevedo Lima, os quais, para os comunistas, encarnavam o tipo de político que até então se reivindicava como representante dos trabalhadores. O segundo era o situado na esfera do chamado reformismo, que os comunistas acusavam de criar confusão no campo operário por agrupar o Partido Socialista Brasileiro (PSB), com quem o PCB vinha mantendo uma dura polêmica desde sua criação, o Centro Político dos Operários do Distrito Federal, o Centro Político dos Choferes e o Partido Unionista dos Empregados no Comércio. E, por fim, as entidades que tinham proximidade ideológica com o PCB: o Centro Político Proletário de Niterói e o Centro Político Proletário da Gávea. No entanto, a Carta Aberta dirigia-se especificamente a Azevedo Lima, a Maurício de Lacerda e ao PSB.

De modo geral, os três receberam ataques de intensidade variada, reservando-se os mais fortes aos dois últimos. Ambos eram criticados por servirem aos inimigos da classe operária.

O PCB propunha a criação do Bloco Operário e afirmava não pretender concorrer com candidatos próprios. O Bloco seria fundado nos marcos de uma política de "frente única", a qual tinha por objetivo unificar e juntar os esforços de todos eles, em razão de sua "afinidade básica de interesses", para a disputa eleitoral. Esse agrupamento teria como base as idéias apresentadas na Carta Aberta e uma plataforma ali também exposta. Realizada a frente única, pretendiam iniciar o que chamavam de "saneamento da política".

O caráter dessa coligação de grupos políticos e indivíduos que tinham em comum determinadas idéias e sua defesa em nome das massas era eleitoral e parlamentar. A "tarefa" da revolução permanecia na esfera do PCB. Ao Bloco Operário, ficava o uso de certos instrumentos, como a campanha e o alistamento de eleitores, e de um espaço, o Parlamento. No entanto, essa distinção nunca ficaria muito clara. Nesse primeiro momento, ela tinha sua orientação mais especificamente voltada para as eleições de fevereiro, pois o PCB, por sua própria estrutura e pela propaganda e agitação levadas a cabo por meio das páginas de *A Nação*, tinha naquele instante um amplo espectro de ação, e a atuação eleitoral era uma das possibilidades de intervenção dos comunistas no panorama político do país.

O programa

Como se destacou em *A Nação*, de 22 de fevereiro, o programa do Bloco Operário sintetizava décadas de experiência e lutas do movimento dos trabalhadores:

> A plataforma do Bloco Operário codifica, em suas alianças, as soluções imediatas dos mais graves e prementes problemas proletários, da atualidade nacional e internacional.

Não se trata de um programa de circunstância, redigido com brilhaturas de forma, transbordante de retórica insincera e lirismo demagógico, visando unicamente os efeitos da propaganda eleitoral.

Não; é um trabalho resultante de velha experiência, de acurada meditação, de interpretação realista do pensamento e do sentimento das massas laboriosas; é trabalho essencialmente coletivo, discutido, debatido e esmiuçado, ponto por ponto, em sucessivas assembléias da vanguarda consciente do proletariado.

É trabalho modesto de proletários, mas é sólido, profundo e sincero, porque é construído com o esforço penoso e rude de anos inteiros de batalha sem tréguas.

Na plataforma do Bloco Operário de 5 de janeiro de 1927, apresenta-se a noção de "direitos políticos de classe": defesa dos interesses dos trabalhadores urbanos e rurais, apoio às suas lutas e reivindicações e defesa das liberdades políticas dos trabalhadores (associação, reunião, pensamento e palavra). Havia, no campo do exercício desses direitos, uma ênfase no controle, por parte de seus eleitores, dos mandatos dos eleitos pelo Bloco Operário, os quais, por seu turno, seriam um "comitê de controle" sobre os políticos burgueses. Defende-se o reconhecimento da URSS, o combate às leis de exceção, o combate ao imperialismo, enfatizando-se, aqui, a nacionalização de empresas estrangeiras, porém, limitada aos setores estratégicos de estradas de ferro, minas e usinas de energia elétrica, bem como a revisão dos contratos das concessões de serviços públicos executados por empresas estrangeiras. Faz-se uso da palavra de ordem de "só os ricos devem pagar impostos".

A questão do voto secreto e obrigatório, tão cara à oposição ao governo, é acrescida da observação de quais eram seus limites para os comunistas: ele não era uma "panacéia universal capaz de curar todos os males da democracia, nem tampouco um fim em si mesmo", como a apresentavam de modo geral os demais setores de oposição ao governo, mas sim um meio de ampliar a cidadania dos trabalhadores. É defendida a proposta de direito de voto às mulheres, às praças de pré e aos operários estrangeiros com residência definitiva no país. Juntou-se a essa reivindicação a proposta de simplificação no processo de alistamento eleitoral, e pela primeira vez é proposta a substituição do sistema de representação majoritário nos corpos eleitorais pelo proporcional, o que, na opinião dos comunistas, teria como resultado a criação de verdadeiros partidos políticos no Brasil, pois permitiria que correntes de opinião distintas dos partidos republicanos pudessem ter representação política nas casas legislativas.

As questões referentes à chamada legislação social e ao trabalho são consolidadas e detalhadas:

> a) máximo de 8 horas de trabalho diário e 44 semanais, e redução a 6 horas diárias nos trabalhos malsãos; b) proteção efetiva às mulheres operárias, aos menores operários com a proibição do trabalho a menores de 14 anos; c) salário mínimo; d) contratos coletivos do trabalho; e) o seguro social a cargo do Estado e do patronato, contra o desemprego, a invalidez, a enfermidade, a velhice; f) enérgica repressão ao jogo e ao alcoolismo; g) licença às operárias grávidas de 60 dias antes e 60 dias depois do parto, com pagamento integral dos respectivos salários; h) extinção dos serões e extraordinários; i) descanso hebdomadário em todos os ramos do trabalho, na indústria, no comércio, nos transportes, na lavoura; j) proibição da dormida nos locais de trabalho; k) água filtrada nas fábricas e oficinas; l) saneamento rural sistemático, visando a regeneração física e moral do trabalhador agrícola, a higienização das condições de trabalho e habitação na lavoura, assistência médica gratuita aos doentes pobres; m) fomento e facilidades às cooperativas operárias de consumo e às cooperativas de produção na pequena lavoura.

Outro ponto de destaque do programa do Bloco Operário eram as propostas referentes à questão da moradia dos trabalhadores:

> a) construção, expropriação e municipalização geral das casas para operários; b) aluguéis proporcionais aos salários, sendo as respectivas

tabelas estabelecidas e fiscalizadas por comissões de inquilinos pobres; c) supressão dos depósitos, e pagamento por mês vencido; d) derrubada dos barracões, "casas de cômodos" e "cabeças de porco", e construção em seu lugar de habitações que possuam todos os requisitos da higiene e da comodidade; e) severa repressão da especulação dos intermediários e sublocadores.

Também outro importante conjunto de propostas referia-se ao ensino e à educação, nas quais:

> Os candidatos do Bloco Operário bater-se-ão não só pela extensão e obrigatoriedade do ensino primário, como ainda, complementarmente: a) pela ajuda econômica às crianças pobres em idade escolar, fornecendo-lhes, além do material escolar, roupa, comida e meios gratuitos de transporte; b) pela multiplicação das escolas profissionais de ambos os sexos como uma continuação necessária e natural das escolas primárias de letras; c) pela melhoria nas condições de vida do professorado primário, cuja dedicação à causa do ensino público deve ser melhor compreendida e compensada; d) pela subvenção às bibliotecas populares e operárias.

Com relação à educação, convém salientar que, embora se encontrasse muitas vezes a orientação para que os militantes promovessem leituras coletivas de jornais, documentos, etc. para os analfabetos, a reivindicação pelo seu voto, que somente seria inscrita no texto constitucional de 1988, apenas integrou as plataformas apresentadas pelo PCB na campanha para as eleições presidenciais de 1930, ao passo que o direito de voto ao estrangeiro já fazia parte da plataforma do Bloco Operário em 1927, o que mostrava uma visão, para dizer o mínimo, incompleta da extensão do direito de cidadania aos trabalhadores.

Dos treze pontos em que o programa do Bloco Operário foi dividido, três deles aparecem aqui formulados pela primeira vez dentro do corpo de reivindicações externadas pelos comunistas desde 1922. O primeiro deles, a anistia aos presos políticos, que fundamentalmente se dirigia aos revoltosos de 1922 e 1924, já era então uma questão corrente na sociedade e que capitalizava setores da pequena burguesia, aos quais o PCB pretendia aliar-se, e já se percebia, naquele momento, a tendência de o governo Washington Luís manter-se leal ao governo anterior nessa questão e não enfrentar as resistências do Exército à reintegração dos rebeldes. Já o segundo ponto, que tratava da questão específica da autonomia do Distrito Federal, o qual tinha seu prefeito nomeado pelo presidente da República e seus atos legais revisados pelo Senado Federal, era uma questão muita debatida e que possuía ampla adesão nos mesmos setores que levantavam a questão da anistia. Por fim, o último ponto era o que tratava da questão da reforma monetária, pela qual Washington Luís pretendia fazer da estabilidade cambial e de preços a principal medida econômica de seu governo. Destaque-se que – além de ser inspirada em modelo francês – ela teve efeitos perversos sobre a população brasileira, como usualmente ocorre nesses casos, especialmente o encarecimento do custo de vida e a redução de salários.

Classificado, décadas mais tarde, por Astrojildo Pereira (1962), como um documento sectário, é muito difícil imaginar que a reação à leitura de Carta Aberta por parte das pessoas e instituições a quem era dirigido não fosse de estupefação. Na verdade, como vimos, todo o cenário, as definições e as dimensões em que se daria a campanha do Bloco Operário já haviam sido previamente estabelecidos, mesmo a questão anunciada de o PCB não pretender concorrer com candidatos próprios, sabe-se que ele o faria. A questão aqui era, a partir das reações suscitadas, silêncio ou repulsa – porque a adesão já estava predeterminada –, reiterar o que se afirmava na Carta Aberta: traidores, reformistas, agentes da burguesia etc.

Apenas três dos interlocutores da Carta Aberta responderam positivamente, como já era esperado: Azevedo Lima, o Centro Político Proletário da Gávea e o Centro Político Proletário de

Niterói. *A Nação* salientou o silêncio de Maurício de Lacerda e a recusa do trabalho em comum por parte do PSB, e, depois de afirmar que não tinham existência real, assim se referiu aos demais interlocutores: "A Carta Aberta foi uma vassourada que mandou para a sapucaia todo esse lixo miúdo".

Com a definição dos integrantes do Bloco Operário, anunciou-se no dia 16 de janeiro a candidatura que apresentaria no 1º Distrito, já que Azevedo Lima se candidataria pelo 2º Distrito, onde ficava seu reduto eleitoral, São Cristóvão. A escolha recaiu sobre o nome do gráfico João da Costa Pimenta.

João Jorge da Costa Pimenta nasceu em 1890, em Campos, Estado do Rio de Janeiro, onde cursou a escola primária, terminando seus estudos no Liceu de Artes e Ofícios, no Rio de Janeiro. Não chegou a cursar o ginásio. Começou a trabalhar em um escritório de advocacia, depois exerceu as profissões de garçom, pintor de carros, jornalista e gráfico. Por sua atividade sindical no Centro Cosmopolita, quando chegou a representá-lo no 2º Congresso Operário do Brasil, de 1913, acabou perseguido pela polícia, mudando-se, em 1918, para São Paulo, onde trabalhou como gráfico e foi um dos fundadores da União dos Trabalhadores Gráficos de São Paulo, tornando-se, por essa entidade, delegado no 3º Congresso Operário do Brasil, em 1920. Foi secretário da Federação Operária de São Paulo, de orientação anarcossindicalista. Após a Revolução Russa, aproximou-se do comunismo, sendo um dos fundadores do PCB. Em 1924 voltou ao Rio de Janeiro, onde também participou da fundação da União dos Trabalhadores Gráficos do Rio de Janeiro, sendo, na época do lançamento de sua candidatura, seu secretário-geral.

Assim, o Bloco Operário iniciou sua campanha eleitoral.

A campanha

Além da inexperiência, os comunistas vinham de um período de clandestinidade, e a constituição do Bloco Operário foi decidida sob estado de sítio e pouco antes do encerramento do prazo de alistamento. Assim, a candidatura comunista começara a campanha em desvantagem.

O Bloco Operário, entretanto, tinha a seu favor uma conjuntura política menos tensa, em razão da suspensão do estado de sítio e, sobretudo, pelo fato de ser uma novidade no cenário político. Ele trazia a este novas e inexploradas questões, até então restritas ao mundo do trabalho, em boa parte sintetizadas na sua plataforma, e que, desse modo, ganhavam foro de cidadania, pois levavam a concretude da vida de parcelas significativas do eleitorado ao centro da disputa política e faziam um contrapeso às questões genéricas e imateriais, como honestidade, caráter etc., que então se apresentavam em campanhas eleitorais.

A reversão da inferioridade inicial que o Bloco Operário possuía em relação ao andamento do processo eleitoral teria de ser feita por meio da intensificação da propaganda de massa, aqui compreendidas tanto as formas de interação direta, como palestras, comícios, festas, como indireta, por meio de *A Nação*, panfletos, cartazes etc. O incentivo que o jornal dava aos seus leitores para que relatassem – de maneira direta ou aos seus redatores – suas condições de vida tinha como resultado a produção de matérias e reportagens, que, por sua vez, subsidiavam a intervenção dos candidatos e apoiadores do Bloco Operário, ou vice-versa, quando realizavam comícios nos bairros e fábricas.

A campanha levada a efeito pelas páginas de *A Nação* era dirigida fundamentalmente ao proletariado e à pequena burguesia e buscava essencialmente, de um lado, qualificar o Bloco Operário como "o" representante do proletariado carioca no processo eleitoral e, de outro, desclassificar aqueles candidatos que diziam possuir a habilitação que o Bloco reivindicava exclusivamente a si.

O modo pelo qual *A Nação* procurava estabelecer vínculos e ser a expressão da pequena burguesia era, sobretudo, por meio da publicação de um grande número de matérias referentes ao movimento "tenentista" e à questão militar. Já com relação ao proletariado, havia uma maior amplitude de objetos e formas, desde matérias sobre as condições de trabalho e de vida da classe trabalhadora, que expunham de forma cotidiana e prática vários pontos da plataforma do Bloco Operário, passando por textos referentes à União Soviética, ao esporte e ao lazer, até textos sobre o movimento sindical.

Já com relação à questão da delimitação, nos meios que se reivindicavam dos trabalhadores, de quem efetivamente os "representava", *A Nação* dirigiu muito de sua energia contra um alvo: Maurício de Lacerda. Durante a campanha, eram cotidianas as matérias atacando-o como traidor do proletariado, pequeno-burguês reacionário e aliado da burguesia.

Além de Lacerda, houve duas candidaturas à reeleição, de Adolpho Bergamini e Nicanor do Nascimento, também alvos de pesadas críticas. O primeiro – apresentado como aliado do diário *Correio da Manhã* –, sobretudo por ter realizado uma composição com Maurício de Lacerda, e o segundo – acusado pelos comunistas de ter votado favoravelmente ao estado de sítio no Distrito Federal em 1924 – por ter polemizado diretamente com o Bloco Operário. Ambos, com um perfil conservador, mas que tinham em sua atuação parlamentar anterior sustentado atitudes de oposição ao governo, foram qualificados por *A Nação*, embora com menor intensidade, com os mesmos epítetos concedidos a Maurício de Lacerda.

Já com respeito aos demais candidatos situacionistas, *A Nação*, por meio de uma coluna dedicada às questões políticas do Distrito Federal, inicialmente chamada de "Política do Distrito Federal", depois "Política do Distrito", "A politiquice carioca" e, finalmente, "A avacalhação política do Distrito", acompanhava suas ações e propostas, fazendo-o em tom jocoso e insinuante, muito semelhante às atuais colunas políticas da imprensa nacional. Por essa coluna, os candidatos situacionistas mais em evidência eram apresentados ao público por meio de suas vinculações político-econômicas, demarcando-se, assim, quais as distinções entre o Bloco e este conjunto de candidatos, que eram qualificados, de modo geral, como "instrumentos da contra-revolução feudal, instrumentos diretos e indiretos dos fazendeiros de café, defensores da propriedade privada".

Por fim, merece destaque outro ponto abordado por *A Nação*. É o que se refere ao Poder Legislativo. Desde a fundação do PCB, foi esta, efetivamente, a primeira oportunidade que os comunistas tiveram, de modo ainda um tanto confuso, é verdade, de expor publicamente algumas das concepções que possuíam a respeito do tema. Talvez até movidos por uma necessidade de propiciar melhor coesão interna a respeito do assunto, os comunistas aproveitaram-se de uma carta enviada por "Um acadêmico comunista", na qual, revoltado com mais um aumento que os membros do Congresso Nacional deram a si mesmos, este sugeriu que *A Nação* propusesse um inquérito sobre o que a população pensava a respeito do Congresso Nacional, e lançaram a questão aos leitores.

As coisas, no entanto, não saíram como se imaginou. Publicaram-se somente duas cartas: uma desejando que os trezentos membros do Congresso tivessem apenas uma cabeça, para que o povo a cortasse de um só golpe; e outra opinando pelo envio de todos os parlamentares à Clevelândia (lugar criado no Oiapoque para os presos políticos no governo de Arthur Bernardes). Ambas foram precedidas de uma comentário indicando um desapontamento pela incompreensão dos leitores com relação ao que fora proposto pelo jornal. Nele, os comunistas puseram-se de acordo com a opinião pública na constatação do "desprestígio profundo e irremediável" do Poder Legislativo, que se agravava a cada dia. Diante disso, prosseguia o esclarecimento, era natural que surgisse a pergunta: Não seria contraditório, então, o PCB ter formado o Bloco Operário e lançado candidatos ao Congresso?

Essa questão revelava, na opinião dos comunistas, uma incompreensão a respeito do papel do Parlamento burguês, que classificavam como uma instituição a serviço do capitalismo e contra o proletariado. Assim sendo, era natural que os parlamentares integrantes dessa "máquina legislativa da democracia burguesa" ali só elaborassem medidas contra "as classes pobres em proveito das classes ricas", reproduzindo a lógica inerente que constituía o Estado burguês, da qual o Parlamento fazia parte, de oprimir as classes que se opunham aos interesses do capitalismo.

Ficava explícito que o fim último dos comunistas, com relação ao Parlamento, era a sua destruição, embora não deixasse claro o que seria colocado em seu lugar. Mas isso, de qualquer modo, era uma tarefa que se concluiria ao final de um "longo, penoso, rude, trabalho de anos inteiros, de organização e agitação" a que se dedicariam os comunistas, que não eram "sectários, nem idealistas, e sim políticos realistas". Naquele instante, era preciso fazer uso de todos os meios possíveis de combate para se chegar ao objetivo final. Um deles era justamente a participação em eleições.

As páginas de *A Nação* explicitaram também outra faceta desse mesmo objeto: as leis. Em uma polêmica com o candidato Henrique Dodsworth, autor da chamada "Lei de Férias", declarava-se que as leis que beneficiavam a classe operária eram, na verdade, instrumentos utilizados pelos liberais para manter os trabalhadores em "escravidão eterna", evitando, também, que estes se revoltassem contra o "jugo capitalista". Afirmava-se, no entanto, que o Bloco Operário não era contrário a leis que beneficiavam a classe operária – e aqui se introduzia a mesma estrutura argumentativa empregada com relação ao Parlamento –, apenas buscava transformar a luta por melhorias imediatas, personificada aqui na chamada "legislação social", em "uma arma para a organização dos trabalhadores, para a luta contra o regime da brutal e desumana exploração capitalista". Era, enfim, mais um meio para se chegar ao ponto final.

Os comícios promovidos pelo Bloco Operário para seus dois candidatos e que receberam a cobertura jornalística de *A Nação* nos ajudam a compreender com que segmentos da classe trabalhadora ele pretendia dialogar e levar suas propostas e, ao mesmo tempo, revelam de quais setores tinha a expectativa que fossem a fonte de votos para seus candidatos, particularmente Pimenta, pois Azevedo Lima tinha um eleitorado cativo.

Dos dezessete comícios relatados por *A Nação* e realizados no Distrito Federal, além do ocorrido em Niterói, entre 7 de janeiro e 23 de fevereiro, doze deles ocorreram no 1º Distrito e cinco no 2º Distrito, contando cinco com a presença exclusiva de Azevedo Lima, quatro com a de Pimenta e oito com a participação de ambos. Esses números retratam o óbvio esforço do Bloco Operário para eleger João da Costa Pimenta.

Desse conjunto de atividades, nota-se a organização de eventos junto a grandes concentrações operárias, particularmente fábricas, cujos trabalhadores votavam em seus locais de residência, o que ajudava a disseminar a propaganda pela cidade. Embora tenha realizado atividades entre gráficos, ferroviários, garçons e sapateiros, chama a atenção a quantidade de comícios realizados nas proximidades de fábricas de tecidos, que estavam entre as mais importantes quanto ao número de operários, capital investido e valor produzido na cidade do Rio de Janeiro. Nota-se aqui, por exemplo, a ausência de qualquer atividade eleitoral levada a efeito entre os trabalhadores portuários, outra importante concentração operária, bem como entre os trabalhadores da construção civil, dos transportes e do comércio, estes, no entanto, pela natureza de seus ofícios, mais pulverizados.

Essa opção do Bloco Operário é facilmente compreensível e tem clara vinculação com a recente conquista da direção da entidade representativa da categoria dos trabalhadores têxteis por parte de uma chapa ligada ao PCB. Todavia, do ponto de vista eleitoral, a opção de ênfase em relação à categoria dos trabalhadores têxteis revelou-se problemática, como, aliás, se revelaria qualquer outra voltada para segmentos específicos da classe trabalhadora e nas condições de exíguo tempo de campanha eleitoral a ser desenvolvido, em combinação com as restrições impostas pela legislação que determinava quem poderia ser eleitor ou não, normas estas claramente excludentes.

Durante o processo eleitoral, os comunistas trabalhavam com o número de trinta mil trabalhadores nessa categoria, o que englobaria os tecelões do Distrito Federal e adjacências. No entanto, era um número que vinha desde 1918 e ficou como um parâmetro, ignorando-se o declínio do setor durante esse período. Além disso, o fato de 550 pessoas terem votado, em um universo de 1.200 associados, nas eleições que deram a vitória ao Bloco Têxtil, em dezembro de 1926, serve para, ao menos, pôr em questão esse número de trinta mil.

Levando-se em conta que, nas eleições de 1927, um eleitor poderia dar até quatro votos para o mesmo candidato e que, com base nessa característica, o quinto e último candidato eleito do 1º Distrito obteve 6.849 votos, o que significava pelo menos 1.712 eleitores sufragando-o, era muito arriscado investir tanto esforço em um segmento que possuía um corpo eleitoral em torno de dois ou três mil eleitores, além do pouco tempo de campanha e exposição de Pimenta. Talvez seja possível especular que, dada a convicção de uma derrota quase certa, aquele seria apenas um ensaio ou um momento de aquisição de maior experiência, mas, mesmo assim, a pouca diligência salta aos olhos.

Já com relação a Azevedo Lima, considerado um candidato com reeleição praticamente certa, é possível notar, mesmo tendo ele feito uso de um discurso novo e mais radical, o emprego e a manutenção dos recursos "usuais" em sua campanha eleitoral, particularmente em seu reduto, São Cristóvão. Por exemplo, uma nota publicada em *A Nação*, na sua edição de 21 de fevereiro, orientava todos os correligionários de Azevedo Lima que não houvessem recebido correspondência relativa às eleições para que o procurassem pessoalmente em sua residência, onde seriam atendidos, e, além disso, determinava que, caso não fosse necessário ou possível o contato, comparecessem "às respectivas seções, no dia 24, para votar". Outros poucos sinais dessas práticas, noticiados por *A Nação* em 22 de fevereiro, eram as manifestações e atividades exclusivas de Azevedo Lima em São Cristóvão – sobre as quais, afora estas e das atividades feitas conjuntamente com Pimenta, nada foi divulgado pelas páginas do diário comunista –, como o apoio que lhe foi manifestado por carta pela delegação do Clube de Futebol São Cristóvão, que se encontrava em excursão pelo norte do país, ou, então, a "batalha de confete" – o Carnaval de 1927 aconteceu no fim de semana anterior à data das eleições, que ocorreram em uma quinta-feira – organizada em homenagem ao candidato, "que se travará na própria rua de São Cristóvão, residência do homenageado, no percurso que vai da avenida Pedro Ivo à rua Escobar".

A eleição

Chegou assim o Bloco Operário ao dia das eleições: 24 de fevereiro de 1927. Além dos comícios, festivais, debates e palestras e do trabalho desenvolvido por meio do jornal, cartazes, panfletos e cédulas foram afixados e distribuídos pela cidade. Dias antes do pleito, *A Nação* publicou uma chamada convocando "camaradas choferes" a comparecer ao jornal a fim de "prestarem serviços profissionais nos dias das eleições", para o transporte de eleitores e deslocamento de fiscais pelas seções. Fiscais estes, aliás, como se saberia mais tarde, muito escassos.

Nas eleições de 1927 compareceram 37.887 eleitores. No 1º Distrito, havia 38.473 eleitores alistados nas 92 seções, mas votaram apenas 19.473, ou seja, 50,6% do total. Os restantes 18.814 eleitores que participaram do pleito fizeram-no no 2º Distrito. Dito de outro modo, menos de um quarto dos potenciais eleitores votou, o que significava que algo em torno de quarenta mil eleitores (2,9% da população total) decidiram quais seriam os deputados federais e o senador do Distrito Federal que teriam assento no Congresso Nacional, transformando-os em representantes de aproximadamente 1.360.000 habitantes.

Terminadas as eleições, nas dez vagas disputadas à representação do Distrito Federal na Câmara dos Deputados, em quatro houve novos nomes, enquanto nas outras seis houve reeleição, aí incluída a de Azevedo Lima.

Os comunistas afirmavam que aquelas eleições marcavam a vitória do Bloco Operário e as derrotas de Maurício de Lacerda,

Nicanor do Nascimento e Paulo de Frontin. Quanto a este último, que apenas obteve sucesso na reeleição de seu sobrinho Henrique de Toledo Dodsworth Filho, também para o Senado, apesar do apoio dado pela máquina governamental, viu seu candidato Sampaio Corrêa ser derrotado por Irineu Machado. Em relação a Maurício de Lacerda e Nicanor do Nascimento, o Bloco comemorou a derrota de ambos, reivindicando para si grande parte pela responsabilidade do resultado. Com relação a Nicanor do Nascimento, o Bloco Operário afirmou que os votos que faltaram para sua eleição foram dados a João da Costa Pimenta. Quanto a Maurício de Lacerda, a avaliação apresentada foi a de que a campanha contra ele desenvolvida pelo Bloco Operário lhe "arrancara a máscara" de suposto comunista.

Embora ao longo da campanha o PSB tivesse praticamente desaparecido de cena, o Bloco Operário, no seu balanço do resultado, fez questão de referir-se a ele. Ao final da apuração, o nome de Carlos Dias contabilizara doze votos. Para os comunistas, isso confirmou suas assertivas de que o PSB não tinha nenhum prestígio entre as massas e que os dirigentes socialistas eram "agentes do capitalismo no meio operário", o que condenou de antemão ao fracasso as candidaturas que o partido socialista pretendia lançar.

Quanto ao próprio Bloco Operário, sua apreciação era de que as votações obtidas por Azevedo Lima (11.502 votos, ou seja, ao menos 2.876 eleitores o sufragaram na realidade) e João da Costa Pimenta (1.965 votos, de pelo menos 492 eleitores) atestavam uma vitória "indiscutível, indisfarçável, patente". Embora, como já se falava desde o início, a reeleição de Azevedo Lima fosse quase certa, o Bloco Operário chamou a atenção para o fato de que sua votação não apenas se manteve, como obteve um acréscimo de cerca de dois mil votos em relação à sua eleição anterior, além de uma votação mais localizada em alguns bairros com concentração de operários, como Espírito Santo, Engenho Novo, Andaraí, Meyer, Inhaúma, fora de seu reduto São Cristóvão e de Engenho Velho, onde também possuía influência.

Já com relação a João da Costa Pimenta, a avaliação era de que sua votação fora além da expectativa, sendo a maior surpresa das eleições:

> Nós não temos alistamento eleitoral. Não temos dinheiro: as poucas despesas que fizemos foram só de propaganda, cartazes, boletins, cédulas... Nosso candidato Pimenta é um operário conhecido, até agora, somente da vanguarda. Nossa campanha durou pouco mais de um mês. Nossa inexperiência era total, pois pela primeira vez participou o partido proletário de uma eleição federal. E ainda mais: com exceção da Gávea – a gloriosa Gávea vermelha –, das Laranjeiras, todo o 1º Distrito é por excelência o distrito da grande burguesia.

Com respeito à votação recebida por Pimenta, *A Nação* argumentava que não se devia confundir quantidade com qualidade, pois, apesar de somente uma minoria de operários estar qualificada para votar nas eleições, a votação de Pimenta significou a ação de eleitores livres, que sufragaram o nome de Pimenta "por opinião, por convicção, por partidarismo", o que, assegurava *A Nação*, nenhum outro candidato tivera.

Na distribuição dos votos do 1º Distrito, na apreciação feita pelo Bloco Operário em relação à votação de João da Costa Pimenta, chamava-se a atenção para certas votações como o resultado de um trabalho feito em determinadas categorias de trabalhadores. Assim ocorrera na Gávea e em Laranjeiras, locais de concentração de fábricas, sobretudo têxteis, em Sacramento, cuja votação era atribuída aos "eleitores sócios" do Centro Cosmopolita, e em Santana, onde predominava o "eleitorado operário", destacando sua baixa votação nos bairros ricos: Copacabana, Lagoa (Botafogo) e Santa Tereza.

3. O Bloco Operário põe-se de pé

A partir de maio de 1927, iniciou-se um recrudescimento da conjuntura política do Brasil. O governo de Washington Luís alternava algumas poucas concessões liberais com uma repressão sistemática. Isso levava a que, por exemplo, em editorial do diário carioca *O Jornal*, do jornalista Assis Chateaubriand, se afirmasse que Washington Luís perdia as vantagens da popularidade que tinha amealhado quando de sua posse e propiciava, com seus atos, o crescimento da influência da oposição ao governo.

Essa posição de *O Jornal* deu-se a propósito da aprovação daquela que viria a ser a mais conhecida das medidas repressivas do governo de Washington Luís: a "Lei Celerada". Em seu início, ela aparecera como um projeto de lei do Senado que aumentava as penas de artigos do Código Penal referentes à violência nas greves. Em uma manobra regimental, o projeto foi alterado por um parecer substitutivo dado na Comissão de Constituição e Justiça da Câmara dos Deputados pelo deputado mato-grossense Annibal Benício de Toledo, que agravava ainda mais as penas propostas no texto inicial e acrescentava ao artigo da Lei de Repressão ao Anarquismo que permitia ao governo fechar, por tempo determinado, entidades envolvidas com os crimes ali capitulados, medida que atingia entidades que praticassem "atos contrários à ordem, moralidade e segurança públicas e, quer operem no estrangeiro, quer no País, vedar-lhes a propaganda impedindo a distribuição de escritos ou suspendendo os órgãos de publicidade que a isto se proponham". A menção feita a funcionamento no exterior e no Brasil referia-se evidentemente à IC e ao PCB.

Naquele momento, foram divulgados documentos forjados por uma entidade anticomunista suíça – a "*Entente* contra a Terceira Internacional", então subsidiada secretamente pelo governo brasileiro –, que teriam sido apreendidos em Londres em maio de 1927 e apontavam para um suposto plano de subversão, envolvendo atentados políticos, sabotagens, greves etc., articulados por "agentes de Moscou" em conjunto com "dirigentes dos partidos de oposição ao atual governo, pouco importando a bandeira e as idéias desses partidos". E, para acirrar ainda mais os ânimos, a polícia anunciou a descoberta de uma suposta conspiração, idealizada por ex-funcionários da Light, em sua maioria estrangeiros, na qual se combinaria uma greve por reivindicações salariais com projetados atos de sabotagem na rede elétrica. Os envolvidos foram presos e treze estrangeiros expulsos do Brasil.

A Nação promoveu uma intensa campanha contra a aprovação da "Lei Celerada", publicando diariamente matérias sobre o assunto e reproduzindo os pronunciamentos que Azevedo Lima e alguns outros deputados faziam na Câmara. Além disso, procurou organizar uma campanha de envio de protestos contra o substitutivo por parte de entidades sindicais, que eram publicados em suas páginas e, também, lidos por Azevedo Lima no plenário da Câmara dos Deputados. O diário comunista preocupou-se em demonstrar que o substitutivo visava fundamentalmente ao movimento organizado dos trabalhadores e ao PCB, mas acabaria atingindo a todos os opositores do regime, comunistas ou não, pois ele, na verdade, revogava o artigo 72 da Constituição, que tratava da declaração dos direitos relativos à liberdade, à segurança individual e à propriedade, pela proibição do direito de associação e de reunião, bem como da liberdade de expressão e pensamento.

Ao mesmo tempo, em uma antevisão do que ocorreria após a aprovação do substitutivo, vários militantes comunistas foram vitimados pela repressão do governo: dois militantes estrangeiros foram presos e expulsos do país, também sendo aprisionados sete outros, além de João Freire de Oliveira, então gerente de *A Nação*, ter sofrido uma tentativa de assassinato.

Com o vulto das discussões, chegou a ser constituída, a partir de uma iniciativa liderada por um grupo de pessoas composto essencialmente por jornalistas, uma organização suprapartidária denominada "Núcleo de Defesa dos Direitos Constitucionais", criada para a "manutenção do sistema constitucional que tem permitido a formação da consciência democrata brasileira, assegurando-nos os direitos de propriedade, de associação, de reunião e de pensamento". O PCB aderiu a essa organização, ressalvando que não era "partidário" da Constituição em vigor, mas que, naquele momento, julgava necessário apoiar e aliar-se a "todos os elementos sinceros que pretendem opor barreiras aos passos retrógrados da reação".

Essa mobilização, no entanto, revelou-se inútil, pois a Câmara dos Deputados, por 115 votos a favor e 27 contra, e o Senado Federal, por 37 votos a favor e 3 contra, aprovaram o substitutivo de Annibal de Toledo, sancionado em lei por Washington Luís no dia 12 de agosto.

Os comunistas preferiram não esperar a entrada em vigor da lei. Sua direção avaliou que não deveria tentar resistir abertamente nas condições daquele momento, sob o risco de provocar o esmagamento do partido e de seu trabalho até então construído, recusando, desse modo, a provocação que lhe faziam os setores reacionários. No dia 11 de agosto, por meio de um manifesto, o PCB encerrou a publicação de *A Nação*: "Seria quixotada completamente inócua esperar que a polícia venha fechar-nos as portas, violentamente. Preferimos nós mesmos fechá-las – na cara da polícia". Nesse manifesto, os comunistas mostravam que seu jornal, surgido e desenvolvido em um clima de legalidade, "arma legal para o combate legal", perdia seu sentido diante da aprovação, por uma "mal disfarçada ditadura burguesa", de uma lei de exceção, que decretava a morte da Constituição, desmascarando a democracia republicana brasileira, pondo a nu a ditadura da classe capitalista. Aos comunistas cabia, naquele instante, o retorno à clandestinidade.

Aproximação à pequena burguesia

Com o fechamento de *A Nação*, encerrava-se um curto período de vida legal do PCB, muito frutífero no âmbito político-organizativo. Além do Bloco Operário e da eleição de Azevedo Lima, nesses sete meses de legalidade, o partido pôde se expor à opinião pública e apresentar-lhe suas propostas e teve um crescimento no número de militantes. O PCB, em seu manifesto de encerramento de *A Nação*, destacou a realização de atividades de massa (como a comemoração do 1º de Maio, a realização do ato comemorativo do aniversário da morte de Lenin – que chegou a ser impedido pela polícia, mas aconteceu por garantia da Justiça), lutas ideológicas (combates aos adversários da direita e da "esquerda", luta contra o imperialismo, campanha contra a reação e defesa da URSS) e a fundação da Federação Sindical Regional do Rio de Janeiro.

No momento da decretação da "Lei Celerada", avaliava-se que o PCB teria cerca de mil aderentes, debilmente articulados em razão da falta de experiência partidária dos comunistas e, sobretudo, como resultado da "concentração do trabalho do Partido, durante o período em questão, mais no terreno da agitação e propaganda do que no terreno da organização". Nos últimos meses de publicação de *A Nação*, este divulgava em suas páginas fichas de filiação ao PCB e à Juventude Comunista, o que permitiu um ingresso sem muito controle de novos militantes. Com a promulgação da "Lei Celerada", houve uma "readaptação à clandestinidade". Tempos depois, a máquina partidária teve seus "parafusos" apertados, quando se procedeu a uma "revisão geral em todas as células e seus membros", que resultou no abandono do PCB por aqueles que não puderam manter uma militância regular. Em março de 1928, o número de militantes caíra para cerca de seiscentos aderentes, subindo, em meados do ano, para algo em torno de setecentos.

Os comunistas, todavia, se deram conta de que, apesar do recuo a que foram submetidos com a clandestinidade, era necessário e possível dar um passo à frente. Para isso, a CCE do PCB realizou um exame da situação. Os comunistas concluíram que as posições que vinham apresentando desde seu II Congresso em relação à aproximação com a pequena burguesia mostravam uma grande distância entre o escrito e o realizado e que era necessário efetivar essa aliança. Reforçando essa constatação, outra discussão chamou atenção para o caráter sectário da política sindical do PCB naquele momento, a qual, de um lado, lutava pela unificação das forças do movimento sindical e, de outro, levava uma acirrada disputa ideológica travada com os "amarelos" e os anarcossindicalistas, a qual tinha como resultado uma identificação entre partido e sindicato. Isso tinha como resultado prático o isolamento dos comunistas, já que os trabalhadores não conseguiam compreender os acontecimentos, como a fundação da Federação Sindical Regional do Rio de Janeiro, como uma conquista conjunta, mas sim exclusiva dos comunistas.

Para fazer frente ao "sectarismo", surgiu a proposta de estabelecer contato político com a Coluna Prestes. Era do aprofundamento da aliança com a pequena burguesia que se tratava. O contato com Prestes seria claramente simbólico dos propósitos dos comunistas: estes buscavam aproximar-se daqueles setores que mais caracterizavam a radicalidade da pequena burguesia e que apontavam para uma mudança política do país. Resolveu-se que Astrojildo Pereira seria o emissário dos comunistas para a feitura da proposta. No final do ano, Pereira encontrou-se com Luiz Carlos Prestes na cidade boliviana de Puerto Suárez, onde apresentou a proposta de aliança e lhe entregou uma mala cheia de livros marxistas para que ele os estudasse.

A decisão de aproximação com os tenentes não se deu, no entanto, sem resistências no PCB, pois alguns de seus membros enxergavam naquela aliança com a Coluna Prestes, por estes caracterizada como um movimento pequeno-burguês, uma traição ao proletariado, tentando ponderar a respeito do aprofundamento da orientação de aliança com a pequena burguesia ali proposta à luz da recente e desastrosa política de alianças praticada pela IC na

China com o Kuomintang – que resultaram na eliminação física de um grande número de militantes comunistas e na paralisação temporária do partido chinês –, a qual poderia pôr em risco a independência de ação do PCB e do futuro da revolução no Brasil.

Enfim, com a decisão de aproximação com Luiz Carlos Prestes, o PCB levou definitivamente a proposta de aliança com a pequena burguesia ao seu limite, o que o fez travar relações mais próximas com alguns setores de oposição ao regime e ganhar espaços de intervenção e exposição de suas idéias em órgãos que repercutiam as posições da Aliança Libertadora do Rio Grande do Sul, do Partido Democrático de São Paulo e do Partido Democrático Nacional do Distrito Federal e defendiam os posicionamentos dos "tenentes", como *O Combate*, de São Paulo, e *A Esquerda*, no Rio de Janeiro. Sem que se tratasse de um acaso, foi com credenciais deste que Astrojildo Pereira reuniu-se com Prestes, publicando, posteriormente, material sobre o encontro em suas páginas.

O Bloco Operário e Camponês se institucionaliza

Após o fechamento de *A Nação*, o PCB procurou readaptar sua estrutura às condições de clandestinidade. Os comunistas, nas mesmas reuniões em que se decidiu a aproximação com a Coluna Prestes, em outubro de 1927, reorientaram suas atividades em direção à constituição de organizações antiimperialistas, à realização da frente única sindical, à organização de ligas operárias no interior, abarcando trabalhadores urbanos e rurais, ao reerguimento das organizações regionais do partido, à retomada da publicação de *A Classe Operária* e, por fim, a "desenvolver e sistematizar a atividade dos blocos operários e camponeses no Rio de Janeiro, promover sua organização nos Estados, sob o controle do P.C.".

Foi formalizada uma estrutura jurídica e organizativa como meio de garantir uma forma de atuação legal aos comunistas. Para isso, foram aprovados, em 2 de novembro de 1927, estatutos que definiram que o Bloco Operário seria formado por "centros, comitês e agrupações políticas de proletários e camponeses", não existindo, portanto, adesões individuais, pois todo membro do Bloco necessariamente deveria estar ligado a um desses organismos, os quais poderiam ter seu próprio programa, desde que, evidentemente, não conflitasse com o apresentado em 5 de janeiro de 1927. O Bloco tinha como instância diretiva maior a sua Assembléia de Delegados representantes dos centros, comitês e agrupamentos aderentes, que se reunia uma vez por mês, da qual também faziam parte os parlamentares eleitos. Competia também à Assembléia a escolha dos candidatos a cargos eletivos. Os estatutos estabeleciam que o trabalho de alistamento eleitoral seria centralizado e supervisionado pela direção do Bloco. E, ainda, definiam normas de controle sobre os parlamentares eleitos, a fim de garantir que estes se submetessem às deliberações tomadas pelo Bloco, que previam até a perda de mandato. Abaixo da Assembléia, na estrutura organizativa, estava o Comitê Central do Bloco, composto de presidente, primeiro e segundo secretários, arquivista e tesoureiro.

Fica nítida aqui a transposição da estrutura organizativa dos partidos comunistas, à qual foi acrescentada a figura decorativa do presidente, cuja função foi ocupada por Azevedo Lima, submetida, na prática, à centralizadora personagem do primeiro secretário, equivalente à do poderoso secretário-geral dos partidos comunistas.

Além disso, o Bloco Operário teve seu nome modificado para Bloco Operário e Camponês (BOC) pela assembléia que aprovou os estatutos, em 2 de novembro de 1927. Tal alteração teve como intenção deixar manifesta a disposição dos comunistas de buscar expandir sua atuação também em direção aos trabalhadores do campo, o que nunca passou de um desejo.

Ao mesmo tempo em que se constituíram os núcleos organizativos no Distrito Federal, apareceram também alguns organismos filiados ao Bloco, majoritariamente, até março de 1928, no eixo Rio de Janeiro/São Paulo. Além dos já existentes em Niterói e Petrópolis e da Coligação Operária de Santos, surgiram os centros políticos proletários de Campos, no Rio, e de Sertãozinho, em São Paulo, bem como as seções do BOC de São Paulo e Cubatão.

Em Ribeirão Preto, importante centro regional paulista produtor de café, situado ao lado de Sertãozinho, os comunistas, cujo primeiro núcleo na cidade datava de 1923, também impulsionaram, em 1928, a criação do Centro Político Proletário de Ribeirão Preto, que tinha quarenta filiados. Lançou às eleições para vereador de outubro de 1928 a candidatura do ferroviário-metalúrgico Guilherme Milani que obteve 28 votos.

Durante o ano de 1928, a única unidade federativa em que se criaram seções do BOC foi o Rio Grande do Sul. Houve algumas tentativas de organização de núcleos do BOC em várias cidades – Porto Alegre, Rio Grande, Santana do Livramento –, que não conseguiram, de modo geral, prosperar pelos mais diversos motivos, mas que refletiam a fraca implantação e organização do PCB. Os comunistas gaúchos afirmavam que era mais fácil propagar a plataforma do BOC que a comunista entre os pequenos lavradores e arrendatários de terra, o que era atribuído ao fato de estes tomarem "muito a sério as questões parlamentares".

A direção do BOC, a fim de estimular a criação de novos núcleos, fazia uso da presença de Azevedo Lima em comícios, debates e palestras. Tal presença tinha duas dimensões complementares. A primeira, de caráter mais prático, referia-se ao fato de Azevedo Lima poder circular livremente pelo país para "transmitir notícias e orientações" valendo-se de sua imunidade parlamentar. O segundo aspecto era sua popularidade, decorrente de sua atuação como deputado do BOC, que também auxiliava na adesão à organização.

Seguindo o exemplo dado pela criação do "Grupo Gráfico Pró-Bloco Operário", formou-se no Distrito Federal, entre meados de 1927 e o início de 1928, uma série de organismos vinculados tanto a sindicatos como a entidades de representação de base local (de bairro) ou municipal. Esses organismos tinham como principal tarefa fazer propaganda e realizar a filiação de trabalhadores ao BOC e, naturalmente, seu alistamento como eleitores. No caso de serem compostos por sindicalistas, passaram a denominar-se Comitê Eleitoral da categoria tal e, se representassem uma organização local, de Centro Político do bairro ou município tal. Até março de 1928, depois dos gráficos, foram criados na cidade do Rio de Janeiro os comitês eleitorais dos camponeses, trabalhadores da construção civil, da indústria alimentícia, da indústria de bebidas, ferroviários, metalúrgicos, sapateiros e tecelões e os centros eleitorais, além do da Gávea, de Engenho Velho, Espírito Santo e São Cristóvão.

No dia 22 de julho de 1928, na sede da Associação dos Trabalhadores da Indústria Metalúrgica do Rio de Janeiro, fundou-se o Comitê Eleitoral das Mulheres Trabalhadoras, que tinha como representante junto ao BOC a operária tecelã Maria Lopes. Além desta, entre suas integrantes estavam Laura da Fonseca e Silva Brandão, Isaura Casemiro Nepomuceno, Erecina Lacerda, Sylvia Casini e Margarida Pereira. O Comitê tinha entre seus objetivos, além de atuar nas campanhas eleitorais, lutar pela conquista do voto feminino e "colocar no Conselho Municipal, na Câmara e no Senado, mulheres pobres que saibam defender os interesses das mulheres trabalhadoras de todo o Brasil".

Logo de início, os militantes desses comitês e centros eleitorais encontraram dificuldades em uma de suas primordiais tarefas, pois faziam propaganda, distribuíam panfletos, davam explicações, mas não sabiam como alistar os eleitores. Essa "arte" lhes foi transmitida por Azevedo Lima.

Com o objetivo de preparar-se para as futuras eleições, iniciou-se o alistamento de eleitores para o Bloco. Destes, além de tentar fazê-los depositar uma cédula do Bloco dentro da urna eleitoral, tinha-se também a expectativa de transformá-los em militantes da causa comunista. O trabalho de alistamento foi assim explicado, por exemplo, junto à categoria dos gráficos cariocas, em artigo publicado em *A Voz do Gráfico*, na edição de 18 de agosto de 1927:

Todos os trabalhadores da indústria poligráfica precisam, quanto antes, alistar-se no registro eleitoral. Necessitamos, assim como do pão de cada dia, da política proletária, política esta que combaterá sem desfalecimentos a política retrógrada, e por isso mesmo, sem princípios, da burguesia já inanimada que aí está a infelicitar-nos com leis de arrocho e com os mais deslavados conchavos e imoralidade de toda ordem. Assim como não deverá existir um só gráfico fora da União dos Trabalhadores Gráficos, do mesmo modo não deverá haver um só companheiro não alistado eleitor.

Enfim, como as próximas eleições no Distrito Federal estavam previstas apenas para outubro de 1928, tinha-se, com base nessa estrutura criada, um considerável espaço de tempo para promover a propaganda do BOC. Se, além disso, levarmos em conta que o alistamento era usualmente feito somente nas últimas semanas antes do encerramento do prazo para inscrição dos eleitores habilitados a votar nas eleições a serem realizadas, podemos considerar que a organização do BOC apresentou algo diferente e novo ao mundo político-eleitoral do final dos anos de 1920: um organismo político permanente, que não mais funcionava, como as demais organizações partidárias até então existentes, apenas à véspera das eleições.

Esse foi um trabalho que revelou uma visão de longo prazo e uma escala muito maior que a ânsia cotidiana da militância política conseguia enxergar.

A disputa com os "democráticos"

Com base nas orientações veiculadas aos militantes para realizar sua tarefa de "alistadores" e de propagandistas, é possível ter uma dimensão do exaustivo trabalho cotidiano a que se dedicaram durante esse período que antecedeu as eleições municipais de outubro de 1928, como enfatizado em artigo publicado em *A Esquerda*, na edição de 29 de fevereiro do mesmo ano:

> É preciso que cada operário, empregado, lavrador pobre ou pequeno funcionário seja eleitor do Bloco Operário e Camponês. Mas

não basta. É preciso ser um alistador, um propagandista infatigável; recortando os nossos artigos e pregando-os nas paredes das fábricas, oficinas, sindicatos; grudando os nossos cartazes nos lugares mais salientes; discutindo pacientemente com os refratários; convencendo os adversários; argumentando; infiltrando entusiasmo; ganhando confiança; convocando reuniões aos domingos para ler e comentar o programa e os estatutos do Bloco e os artigos publicados; realizando rateios para auxiliar a edição de manifestos.

É imprescindível perguntar a cada companheiro: É eleitor?

Se o é, conseguir a carteira com o endereço, para ele ficar inscrito em nossas listas. Se não o é, informar-se sobre os documentos necessários e levá-lo ao Bloco.

Além deste trabalho positivo, é preciso realizar o trabalho negativo, ligando os senadores, deputados e intendentes às respectivas classes – proletariado (Azevedo Lima), pequena burguesia confusionista (Maurício, Irineu, Bergamini), grande burguesia liberal (os três partidos "democráticos") e a grande burguesia conservadora (o partido republicano). (...)

A obra no seu duplo aspecto – positivo e negativo, construtor e destruidor – deve ser feita metodicamente e sistematicamente.

Uma das fontes do chamado trabalho positivo eram os textos divulgados pela imprensa: a "Coluna operária" do diário *A Esquerda*, num primeiro momento, e o órgão oficial do PCB, *A Classe Operária*, que reapareceu em 1ª de maio de 1928, em sua segunda fase. Os textos, fundamentalmente, procuravam explicar a importância da participação dos trabalhadores na contenda eleitoral e seu papel na luta de classes. Era necessário fazer das eleições um episódio a mais dessa luta, por meio das quais se daria a entrada do proletariado na cena política, nela manifestando seus pontos de vista e sua independência de classe por meio dos representantes que ele próprio escolheria.

Ao mesmo tempo, várias outras questões foram enfatizadas nesse trabalho "positivo". Por exemplo, foram tratadas questões como a relevância de levar-se de modo simultâneo o trabalho eleitoral e o trabalho sindical, o compromisso dos representantes do BOC com seu programa, a importância da criação de uma consciência de classe e de uma educação política dos trabalhadores, bem como a exposição de uma série de pontos da plataforma eleitoral do Bloco.

A política recebia uma definição extremamente utilitária e prática, sendo considerada uma atividade por meio da qual classes, partidos, agrupamentos e indivíduos, valendo-se de elementos conjunturais, buscavam a conquista do poder político e da máquina do Estado. Para tanto, explicava o BOC, havia, fundamentalmente, três maneiras de se fazer política, cada uma delas correspondendo a uma das classes em que se dividia a sociedade: grande burguesia, pequena burguesia e proletariado.

A primeira era definida como aquela praticada pelos capitalistas, subdividida em conservadora, representativa dos "fazendeiros de café e seus instrumentos", e liberal, associada aos grandes industriais e comerciantes, aliados aos proprietários de terras descontentes com a política de defesa do café. Já do segundo subgrupo, classificado dos "lobos que vestem a pele dos cordeiros", faziam parte "o pretenso partido libertador do Rio Grande do Sul, os vários partidos democráticos, *O Jornal*, Assis Brasil, Marrey, Morato, Moraes Barros". A inclusão dos dirigentes libertadores e democráticos no grupo dos "lobos", observe-se, deixava sinalizado à militância comunista que ambos foram nitidamente dissociados do campo da pequena burguesia e não mais representavam um campo passível de aliança ou frente única, embora seus militantes, individualmente, ainda pudessem ser objeto de atenção e busca de adesão ao BOC.

A política da pequena burguesia era representativa da classe média e dos pequenos proprietários. Esta também era agrupada em duas facções. A primeira, chamada de confusionista, era basicamente caracterizada como a feita pelos políticos que se diziam defensores dos trabalhadores (Maurício de Lacerda, Adolpho Bergamini, Salles Filho e Irineu Machado), mas que preconizavam a conciliação de classes. A outra facção era a da pequena burguesia revoltosa, que tinha em Luiz Calos Prestes o seu representante mais conspícuo.

E, por fim, a política do proletariado, que era representada pelo BOC, "organização dos trabalhadores, formada pelos trabalhadores, para os trabalhadores". Tem ele como finalidade a defesa dos interesses imediatos dos trabalhadores, para fazer da "luta por essas pequenas melhorias uma luta pela nossa emancipação". Ou seja, o BOC deixava de ser apenas uma organização com fins eleitorais para ser um organismo de conquista do poder.

4. 1928: OS COMUNISTAS CHEGAM AO LEGISLATIVO

No início de 1928, como decorrência do acordo feito em 1927 com Azevedo Lima para que este ingressasse no Bloco Operário, os apelos para alistamento eram dirigidos somente para os trabalhadores que residiam no 1º Distrito. O outro distrito, como se recorda, era a base eleitoral de Azevedo Lima e este possuía um candidato próprio a intendente. No entanto, no início de 1928, pela imprensa comunista surgiram sinais de que os comunistas pretendiam alterar o acordo de 1927. O BOC avaliava que conseguiria eleger três candidatos a intendente no Conselho Municipal do Distrito Federal: um pelo 1º Distrito (Octavio Brandão) e dois pelo 2º Distrito (Oswaldo de Moura Nobre, o candidato apoiado por Azevedo Lima, e João da Costa Pimenta). Essa projeção, na verdade, avançava a intenção dos comunistas de também apresentar um candidato pelo 2º Distrito, coisa que originalmente, em 1927, parece não ter sido prevista.

Com a confirmação de que as eleições para o Conselho Municipal do Distrito Federal não teriam sua data alterada, o BOC, em fins de julho, procurou ultimar os trabalhos de alistamento eleitoral, trabalhando com a data-limite de 16 de agosto. Para isso, passou a veicular pela imprensa um chamado aos eleitores do BOC, no qual dava as orientações necessárias ao alistamento, além de informar os documentos a ele indispensáveis.

Findo esse prazo, o BOC convocou para o dia 19 de agosto uma assembléia extraordinária dos delegados para escolha dos candidatos às eleições para intendentes do Distrito Federal. Esses delegados representavam 21 organizações, abarcando os comitês eleitorais de categorias profissionais e os centros políticos proletários de bairro, incluídos os de outros municípios, que também foram convocados, apesar de destinar-se a reunião à escolha de candidatos a intendente do Distrito Federal. Ao final da assembléia, solicitaram sua adesão ao BOC o Centro Político Proletário dos Subúrbios da Leopoldina e o Comitê Eleitoral dos Marmoristas.

Na assembléia compareceram delegados representantes de dezesseis organismos, e quatro dos ausentes (os centros políticos proletários de Petrópolis, de Sertãozinho e de Vitória e BOC de Cubatão) não haviam escolhido delegados. O único centro político proletário carioca ausente foi o de Espírito Santo (pertencente ao 2ª Distrito), cujo delegado era o médico Oswaldo de Moura Nobre, o candidato apoiado por Azevedo Lima.

Na assembléia houve um intenso debate, ao final do qual se deliberou a escolha dos nomes de Octavio Brandão, para o 1ª Distrito, e do operário marmorista Minervino de Oliveira, para o 2ª Distrito.

O órgão oficial do PCB, *A Classe Operária*, em sua edição de 25 de agosto de 1928, comentou em editorial a importância da decisão. Nele chamava atenção para o fato de que a escolha dos nomes de seus candidatos significou que a batalha eleitoral fora posta em um terreno de classe pelo BOC. Isso ficava claro pelo fato de terem sido escolhidos dois candidatos operários que representavam uma organização operária e um programa de reivindicações do proletariado, marcando, assim, um explícito caráter de classe. Para o PCB, a escolha desses dois nomes delimitou os campos: com ou contra o proletariado.

Ficaram aqui evidentes algumas mudanças em relação à campanha de 1927. Em primeiro lugar, as candidaturas surgiram em uma reunião pública, a qual, aliás, pelos debates mencionados, pode-se dizer que não foi um jogo de "cartas marcadas". Outra questão importante era o perfil dos candidatos. Havia uma ênfase na questão da origem operária, e ambos, militantes do PCB, tinham vínculos explícitos com o comunismo, no caso de Octavio Brandão, e com o movimento sindical, no caso de Minervino de Oliveira.

A campanha de 1928

A partir de fins de agosto de 1928, a campanha do BOC desenvolveu-se de modo intenso, com comícios realizados quase que diariamente pelos propagandistas e pelos dois candidatos "à porta das fábricas, das oficinas, nos locais de trabalho mais importantes da cidade", repetindo-se a mesma ênfase de 1927 nesses locais. Não ficaram registros mais detalhados sobre os comícios e outras atividades realizadas pelo BOC durante a campanha de 1928, pois eram "na grande maioria ilegais, nas maiores fábricas e oficinas", ao contrário do que ocorria com os comícios realizados pelo Partido Democrático do Rio de Janeiro, realizados sem perturbação por parte da polícia.

Os comícios eram antecedidos por uma ou mais visitas de militantes ou dos próprios candidatos, que iam aos locais de trabalho para levantar as condições de vida e de trabalho específicas de cada um. Quando ocorria o comício, parte dos discursos era especificamente dirigida para aquele local de trabalho, o que auxiliava em muito na conquista da audiência. Ao seu final, pedia-se aos eleitores que dessem todos os oito votos que podiam conferir na cédula a Minervino de Oliveira e Octavio Brandão, o qual, em depoimento dado décadas depois, deixou um vívido relato sobre esses comícios:

> Fizemos uma lista das grandes empresas do Rio de Janeiro. E, uma por uma, na hora do almoço, ou às quatro horas, fomos para a porta, abrimos um pano, um pano vermelho com letras brancas: "Parai! Assisti ao comício do Bloco Operário". Ele [Minervino de Oliveira] de um lado, e eu do outro. E aquela massa parava. Nós subíamos numa pedra, num banco, num caixão, em qualquer coisa. E começávamos: "pá, pá...".

Explicando. Fizemos cerca de sessenta comícios nas grandes empresas. Imaginem vocês! Comício nas três grandes fábricas da Gávea. Comício nas Laranjeiras, que era uma fábrica de tecidos muito importante, grande ... Comícios lá no Moinho Inglês, na Saúde. Comícios lá em Deodoro. Comícios no Engenho de Dentro. Nas grandes empresas. Falando assim diretamente, virando a cabeça dos operários. Eram massas completamente ... que não sabiam nada de nada. E distribuindo o programa do Bloco Operário e Camponês e o manifesto especial e tudo mais. Esses comícios e manifestos foram decisivos.

Além disso, com o auxílio de Azevedo Lima, os candidatos do BOC entraram em oficinas de empresas estatais, como as da Imprensa Nacional e da Central do Brasil, e até em empresas privadas. Houve, como decorrência do trabalho de alistamento, em combinação com o trabalho desenvolvido pelo PCB nos meios sindicais, uma maior amplitude tanto numérica como de categorias profissionais nas quais o BOC realizou sua campanha em comparação com 1927. Além dos têxteis, em 1928 o BOC já possuía penetração entre os garçons e cozinheiros, construção civil, tecelões e ferroviários, marítimos, trabalhadores do cais do porto, motoristas.

Durante a campanha, além de comícios, realizavam-se os chamados festivais, destinados a reunir operários e suas famílias e que combinavam discursos dos candidatos e de convidados, com teatro e "baile familiar, acompanhado por uma excelente *jazz-band*".

Apesar de a campanha ter se desenvolvido com intensidade, ela não recebia espaço na imprensa, recusando-se os principais jornais a dar até pequenas notas, por mais inócuas que fossem. No entanto, ela ganhou maior amplitude após um incidente ocorrido em um comício realizado defronte o Arsenal da Marinha no dia 27 de setembro, no qual foi assassinado um operário do Arsenal, Raymundo de Souza Moraes, que tentou evitar a prisão dos candidatos do BOC pela polícia. O acontecimento gerou um intenso debate no Congresso Nacional e repercutiu na imprensa durante dias, permitindo ao BOC fazer uma grande agitação em torno do assassinato de Moraes. Todo esse movimento também provocou um recrudescimento das ações da polícia política, que intimou os trabalhadores a comparecerem à 4ª Delegacia Auxiliar para prestar depoimentos a fim de explicar por que apoiavam a campanha do Bloco Operário e Camponês.

De acordo com um documento de balanço da campanha, preservado nos arquivos da IC em Moscou, teriam assistido a eles cerca de 8.600 pessoas, com uma média de 145 pessoas por evento. Neles também teriam sido pronunciados 232 discursos, "breves, concisos, nada enfadonhos", dos quais 132 foram feitos por trabalhadores sem partido e o restante por comunistas, o que servia para mostrar uma importante adesão de não-comunistas ao BOC. Os candidatos do BOC também realizavam visitas a todas as casas dos bairros operários. Outra forma de ação utilizada foi realizada por intermédio dos sindicatos controlados pelos comunistas, os quais enviavam material do BOC aos seus associados.

Além disso, como também em 1927, o BOC contava com um grande número de militantes e apoiadores que se incumbiam de distribuir e afixar o material impresso, como narra em suas memórias Leôncio Basbaum, ressaltando o voluntarismo dos militantes:

> Todos trabalharam, pregando cartazes, fazendo comícios em porta de fábricas, porque não tínhamos dinheiro. Muitas vezes saíamos, à noite, Octavio [Brandão] com um pote de cola, eu segurando uma pequena escada, Paulo [de Lacerda] com um maço de cartazes, e íamos pelas ruas desertas, colando nas paredes.

A despesa total da campanha foi avaliada pelos comunistas em sete contos de réis, o que equivalia a 35 dias de subsídio de dois intendentes. De acordo com relatório dirigido à IC, teriam sido impressos um total de 262 mil exemplares de cartazes, folhetos, manifestos e folhas volantes. Sobre estes, restou uma estatística, que transcrevemos:

Foram impressos e mais ou menos distribuídos ou vendidos nessas assembléias de massas, encaminhadas através dos bairros pobres, na sede do Bloco ou nos sindicatos: dezenas de milhares de exemplares da "A Classe Operária"; dois mil exemplares do "Aranhol Capitalista"; alguns milhares do programa e dos estatutos do Bloco; mil exemplares do cartaz grande; cinco mil exemplares do cartaz pequeno; 75 mil exemplares de um manifesto "Oito votos no Bloco Operário e Camponês (a maior tiragem proletária realizada no Brasil)"; 50 mil chapas; 30 mil envelopes; mil exemplares do manifesto "Aos trabalhadores do Campo e da Oficina, residentes em Oswaldo Cruz"; uns 8 mil selos de propaganda; sete mil e quinhentos exemplares do manifesto "O Deputado Azevedo Lima"; 5 mil do manifesto "Que escolhereis?"; 15 mil exemplares do manifesto "As 3 Classes e as 3 políticas"; mil do manifesto "A Política da Pequena Burguesia Confusionista"; milhares dos jornais sindicais "Voz Cosmopolita", "O Marmorista", "O Sapateiro", "A Abelha", "O Poligraphico", "O Mobiliário", e dos seguintes manifestos em folhas volantes: "Proletários dos Subúrbios da Leopoldina", "Aos Companheiros Ferroviários", "As Mulheres Trabalhadoras e as Próximas Eleições", "Bloco Operário e Camponês" (lançado pelo Centro Político Proletário de Niterói), "Operários e Lavradores de Bangu", "Um Apelo a todos os Choferes do Distrito Federal", "Aos Operários" (lançado pelo Centro Político Proletário das Laranjeiras), "Trabalhadores! Mulheres Trabalhadoras!", "Trabalhadores em transportes!!".

No dia 28 de outubro de 1928, um domingo, os cariocas compareceram às urnas nas 242 seções distribuídas pelos dois distritos eleitorais para escolher aqueles que seriam os 24 futuros intendentes do Conselho Municipal, doze em cada distrito. Para esse pleito estavam habilitados a votar 85.711 eleitores, o que demonstra que houve um aumento de 17.534 pessoas (25,7%) em relação aos alistados em 1927.

Apesar de uma grande abstenção, atribuída "à festa da Penha, às corridas, os jogos de futebol", foi uma eleição sem distúrbios, na qual treze candidatos conseguiram reeleger-se, entre eles Maurício de Lacerda. Finda a contagem dos votos, o BOC conseguira, no 1º Distrito, eleger Octavio Brandão em 10º lugar, com 7.650 votos, ou seja, com o sufrágio de ao menos 957 pessoas. Na contagem dos votos do 2º Distrito, Minervino ficara em 13º lugar, com 8.082 votos (pelo menos 1.011 eleitores), 197 votos atrás do 12º colocado, Sisínio Carreira de Oliveira. No entanto, nesse somatório dos votos de Minervino de Oliveira e de seu antecessor na classificação, estavam incluídos os votos em separado (dados em seções que apresentaram os mais diversos problemas em seus trabalhos: atas sem assinaturas, falta de mesários, disparidade entre cédulas e votantes etc.) de ambos: Carreiro de Oliveira tinha 745 votos *sub judice*, ao passo que o candidato do BOC, apenas 31. Isso significava que não estava ainda definida a situação, cabendo à Junta Apuradora a decisão sobre quem seria o 12º candidato a ser diplomado pelo 2º Distrito. Azevedo Lima, por sua vez, obtivera sucesso com a eleição de Moura Nobre (12.732 votos, em 3º lugar no 2º Distrito).

O exame comparativo das votações recebidas por Octavio Brandão e nas eleições anteriores pelos candidatos comunistas Joaquim Barboza e João da Costa Pimenta no 1º Distrito mostra indubitavelmente o resultado positivo do trabalho de organização e alistamento realizado em 1928: além do aumento do número de votos, Brandão obtivera melhor votação que seus antecessores em oito dos treze bairros do 1º Distrito.

Já a votação de Minervino de Oliveira, haja vista as circunstâncias de ter seu nome sido lançado de última hora – ao contrário do que ocorrera com Octavio Brandão, que tivera uma maior "exposição" eleitoral durante praticamente todo o ano de 1928 – e a surda disputa eleitoral travada com a candidatura Moura Nobre, pode ser considerada muito boa. Mais que isso, sua votação demonstrou que o BOC conseguira alguma implantação no 2º Distrito, que, conforme se recorda, abrigava os bairros periféricos cariocas, onde havia uma grande concentração de trabalhadores. Obviamente, não se pretende aqui negar que houve transferência da votação de Azevedo Lima para a de Minervino de Oliveira. No entanto, a aberta preferência dada a Moura Nobre, pois, apesar de Azevedo Lima ter anunciado seu apoio a ambos, sabemos que pendeu ele em honrar sua palavra empenhada desde 1927, permite aventar a hipótese de um certo descolamento em relação à votação de Azevedo Lima e, portanto, o estabelecimento de um eleitorado próprio do BOC.

Ao final de um tenso e agitado processo de apuração, em que uma fatalidade – a morte de um candidato eleito em um acidente – acabou abrindo uma vaga, Minervino de Oliveira foi reconhecido como o segundo intendente do BOC no Conselho Municipal do Distrito Federal. Logo após o reconhecimento, os intendentes assumiram seus cargos como de praxe. O Regimento Interno do Conselho Municipal do Distrito Federal dispunha o seguinte compromisso: "Prometo manter, cumprir com lealdade e fazer respeitar a Constituição Federal, a Lei Orgânica do Distrito Federal, as leis emanadas do Conselho Municipal e promover, quanto em mim couber, o bem público e a prosperidade deste Distrito".

Ele foi lido e cada intendente disse: "Assim o prometo". A esse juramento, os intendentes do BOC acrescentaram a frase "submetendo, porém, essas disposições aos interesses do operariado", o que gerou protestos de alguns dos intendentes empossados.

Pela primeira vez, ao fim de um processo de intensivo trabalho que durara cerca de um ano, os comunistas conseguiram fazer-se representar diretamente em uma casa de leis no Brasil.

5. A bandeira vermelha tremulando no Parlamento

Em uma entrevista dada logo após sua reeleição, sob o título "A bandeira vermelha tremulará pela primeira vez no Congresso Nacional", publicada em *A Nação* de 26 de fevereiro de 1927, Azevedo Lima apresentou-se como um disciplinado soldado do exército proletário, fazendo questão de "ser orientado pelos chefes dessa autêntica esquerda" a quem caberia a responsabilidade pelas suas atitudes. Afirmava que seria um solitário combatente, pertencente à "extrema esquerda autêntica, digamos mesmo – vermelha" e que não teria ligações com os deputados de oposição, que a imprensa cognominava de "esquerda parlamentar", pois, afirmou, "os oposicionistas de hoje serão os governistas de amanhã". Essa profecia, aliás, se confirmaria para o próprio Azevedo Lima. Em suas declarações, manifestava três prioridades que orientariam seu mandato: organizar o alistamento eleitoral, tratar da questão social e combater na Câmara dos Deputados a favor do reconhecimento da URSS pelo governo brasileiro. Mas, sem dúvida, a maior ênfase que Azevedo Lima punha, inclusive objeto de outra entrevista dada a *A Nação* em 1º de março de 1927, era no primeiro ponto:

> Em primeiro lugar farei a arregimentação política dos trabalhadores que, em grande parte, não tiveram, ainda, a compreensão nítida do seu imenso valor social. Inspirado pela vanguarda do proletariado e dos sindicatos obreiros que se orientam por esta vanguarda, irei mobilizar as massas trabalhadoras para as futuras refregas eleitorais. Estou certo

que, dentro de um ano, os operários do Distrito Federal serão uma força eleitoral expressiva e com a qual muito terão que se contar os que pretendem qualquer representação política no Distrito.

O clima de vitória talvez não deixasse os comunistas perceberem que essas palavras de Azevedo Lima não significavam a construção de um partido político, quanto mais do tipo bolchevique; significavam para o deputado reeleito apenas uma máquina eleitoral mais bem estruturada. Este era seu horizonte para o Bloco Operário. Somente ao longo do desenvolvimento do mandato de Azevedo Lima, esta e outras diferenças iriam avultar, sobretudo em razão de sua resistência a "ser orientado pelos chefes".

Do início das sessões, em maio, até o início de agosto de 1927, a atuação de Azevedo Lima se centrou fundamentalmente na questão do combate à aprovação da "Lei Celerada". Cumpre aqui destacar que Azevedo Lima leu no plenário da Câmara dos Deputados o protesto de dezenas de entidades representativas dos trabalhadores de todo o Brasil, marcando o que o próprio parlamentar do Bloco chamou de "início de uma fase de independência proletária". Embora grande parte de tais entidades fosse influenciada pelos comunistas, essa forma de ação serviu para mostrar que elas fizeram do Parlamento um lugar para a disputa política e que se integrou embrionariamente ao processo de erosão social e política da Primeira República que culminaria na chamada "Revolução de 1930". Talvez se pudesse objetar a forma pela qual se fez isso, por via de cartas de protesto em vez de alguma forma de pressão mais direta, mas, de qualquer maneira, ela é notável porque mostrou que um segmento da sociedade brasileira, por meio de suas entidades representativas, começava a se articular politicamente e de forma nacional. Outra questão relevante a se destacar na atuação de Azevedo Lima nesse processo de discussão sobre a "Lei Celerada" foi a ênfase que, ao lado de outros poucos parlamentares de oposição, deu ao atentado que se promovia, com a aprovação desse dispositivo legal, aos direitos políticos e civis.

Já nas questões referentes à legislação social, a atuação de Azevedo Lima foi limitada à fiscalização da aplicação da Lei de Férias e crítica à atuação do Conselho Nacional do Trabalho – órgão de caráter consultivo criado em 1923 e vinculado ao Ministério da Agricultura, Indústria e Comércio, e que tinha como incumbência fiscalizar as leis sociais e ministrar informações e pareceres a fim de subsidiar a ação do governo no assunto – e às denúncias referentes às condições de trabalho e de higiene de uma série de empresas estatais. Na opinião do parlamentar do BOC, esse quadro de quase inexistência de legislação que atendesse às reivindicações dos trabalhadores era resultante da ausência de partidos políticos de caráter nacional no Brasil.

Outra questão que merece ser ressaltada nas atividades de Azevedo Lima em 1927 foi o seu trabalho de fiscalização dos atos do Executivo, característica, aliás, de sua atuação pré-BOC. Assim, em várias ocasiões no decorrer do ano, Azevedo Lima denunciou nomeações irregulares de protegidos ou de aparentados de personalidades da administração pública e do Parlamento ou então contratações irregulares. Além disso, o parlamentar do BOC em várias oportunidades mostrou uma análise extremamente competente na detecção e na denúncia do uso ineficiente e incorreto de recursos públicos em favor de terceiros.

Além da atuação estritamente parlamentar, Azevedo Lima, como vimos, teve em 1927 uma ação externa de destaque na qual apareceu como o homem de frente do Bloco, participando de uma série de atividades públicas em sindicatos e outras entidades de classe, além de manter, tanto na Justiça como na tribuna parlamentar, uma destacada atuação na denúncia da repressão desencadeada contra organizações e em sua defesa e dos militantes operários estrangeiros presos e ameaçados de expulsão.

A saída de Azevedo Lima

O ano de 1928 anunciava-se movimentado para Azevedo Lima. Além de lançar-se à defesa de um grupo de militantes comunistas estrangeiros de Santos ameaçados de expulsão, o parlamentar do BOC, repercutindo uma orientação dos comunistas no campo sindical, desencadeou uma campanha contra os sindicalistas reformistas, em particular o ex-presidente dos tecelões cariocas, José Pereira de Oliveira, sobre o qual obteve uma série de documentos comprovando suas atividades como informante da polícia. Em 14 de fevereiro, aconteceu uma assembléia na sede da União dos Trabalhadores Gráficos do Rio de Janeiro (UTG-RJ) na qual Azevedo Lima apresentaria essa documentação e que acabou em tiroteio, com vários feridos e um morto e uma série de prisões e processos policiais, além do fechamento da sede dos gráficos cariocas por dois anos, por determinação do ministro da Justiça. Como repercussão desse episódio, Azevedo Lima teve contra si uma forte campanha de imprensa. Embora tivesse reagido com vigor em relação às acusações e procurasse eximir a responsabilidade da UTG-RJ, chamando-a para si, o episódio incomodou Azevedo Lima, em razão da demora de uma defesa pública do BOC em seu favor, que só foi ocorrer por meio de um manifesto datado de 11 de março.

Desde então, houve um arrefecimento nas relações entre Azevedo Lima e o BOC, não mais comparecendo o parlamentar à sede do BOC durante todo o ano de 1928, exceto na assembléia de 19 de agosto que escolheu os candidatos a intendente para as eleições de outubro e a uma outra reunião na qual foi lida uma crítica à sua atuação parlamentar. Seus contatos com a "massa e a vanguarda proletárias" teriam sido mínimos depois do episódio da UTG-RJ, e, durante a campanha eleitoral para a escolha dos intendentes do Distrito Federal, Azevedo Lima teria participado apenas de três comícios entre os quase sessenta que se realizaram. Mesmo por meio de seus pronunciamentos isso se tornou perceptível, tanto pela diminuição do volume de discursos como pelo tom e pelos temas neles tratados.

Como se sabe, Azevedo Lima, em janeiro de 1927, impôs como condição para sua entrada no Bloco Operário a manutenção do seu compromisso de apoio individual dado ao médico Oswaldo de Moura Nobre, cuja base eleitoral era a região de Espírito Santo. Tal compromisso resultou na filiação de Moura Nobre ao BOC, onde ocupou o cargo de arquivista em seu Comitê Central, bem como na criação do Centro Político Proletário do Espírito Santo.

A proeminência e o destaque dados às atividades de Azevedo Lima como deputado e presidente do Bloco fizeram que os críticos do BOC começassem a apresentá-lo como "chefe político", ou "coronel do comunismo". Essa observação parecia incomodar os comunistas. Não se sabe se fazendo uso desse pretexto ou não, o fato é que a opção tomada pela Assembléia de Delegados, no dia 19 de agosto de 1928, em favor das candidaturas de Minervino de Oliveira e Octavio Brandão, e, conseqüentemente, em favor de "candidaturas operárias", provocou a exclusão do nome de Moura Nobre da chapa do BOC, afastando-se, portanto, o candidato de Azevedo Lima. Como resultado da decisão, Moura Nobre acabou saindo como candidato avulso a intendente pelo 2º Distrito. Os dirigentes do BOC procuraram Azevedo Lima e pediram que intercedesse junto a Nobre a fim de que ele se demitisse do Bloco, pois consideravam que essa situação, além de ser um exemplo de indisciplina, criava confusão entre os filiados e simpatizantes. Moura Nobre demitiu-se no dia 8 de setembro, continuando, porém, com o apoio público de Azevedo Lima.

Os resultados eleitorais, quando Minervino obteve 8.053 votos no 2º Distrito, mostraram que Azevedo Lima empenhou-se para o cumprimento de seu acordo com Moura Nobre, elegendo-se este intendente. Obviamente tal acordo, na verdade, significava para Azevedo Lima a manutenção do controle sobre seu "reduto" eleitoral. Paralelamente a essa disputa, desenrolou-se outro debate dentro das fileiras do BOC e do PCB. Em uma reunião do Comitê Central do BOC, um militante da Juventude Comunista leu um documento, intitulado "Observações à atividade parlamentar do BOC", aprovado pelo Comitê Central da Juventude Comunista, censurando a atividade parlamentar do Bloco, ou seja, a ação de

Azevedo Lima. Este, após a leitura do documento, pediu demissão da presidência do BOC e deixou de comparecer às reuniões do seu Comitê Central. As críticas desse documento dirigiram-se à excessiva propaganda feita sobre o "indivíduo Azevedo Lima", na tentativa "de prender (o termo melhor será 'corromper') o deputado Azevedo Lima ao Partido":

> Divinizou-se Azevedo Lima, que era recebido sempre com grande uníssonos onde aparecia. Tática antimarxista, porque não teve em conta não só a influência dos interesses econômicos de Azevedo Lima, com o jogo das suas forças eleitorais. Mais uma vez houve uma superestimação dos fatores subjetivos e um absoluto desprezo pelos objetivos. Não será demais repetir, nós temos sido vítimas de um mal de ordem psicológica, o subjetivismo, a crença em resolver por meio apenas de palavras, sob a forma de apelos, elogios, ataques e ameaças.

Essas polêmicas levaram a CCE, após as eleições, a instaurar um "inquérito" sobre as atitudes de Azevedo Lima. Esse processo teve como resultado uma dura resolução que mostrava claramente a disposição dos comunistas em centralizar e controlar o mandato de Lima. Tratava-se da cristalização do processo de superposição entre o BOC e o PCB, pelo qual o primeiro tornou-se a forma de expressão legal do segundo. No entanto, para Azevedo Lima, o acordo estabelecido sob a bandeira da frente única em janeiro de 1927 não tinha essas características. Azevedo Lima tendia a compreender, como boa parte dos políticos, o seu mandato como uma "propriedade" pessoal. Já os comunistas tinham uma visão distinta, compreendendo o mandato parlamentar como algo pertencente ao partido.

Percebendo que estava sendo encurralado, em meados de março de 1929 o deputado federal resolveu então tomar uma atitude para precipitar a situação. Desde o ano anterior já se articulava o processo sucessório de Washington Luís, o qual já se definira pelo apoio à candidatura do presidente do Estado de São Paulo, Júlio Prestes. Essa decisão significou o alijamento do nome do presidente do Estado de Minas Gerais como sucessor "natural" de Washington Luís. Em janeiro de 1929, o presidente mineiro anunciou que Minas Gerais não apoiaria Júlio Prestes, o que deixava aberta a possibilidade de que Antônio Carlos se lançasse como candidato de oposição.

Ante essa hipótese, Azevedo Lima fez um rápido cálculo político. Como suas relações com Antônio Carlos definiam de antemão que não havia a menor possibilidade de apoiá-lo, Azevedo Lima "tampou o nariz" e deu uma entrevista ao órgão democrático *A Ordem*, na qual afirmou que "preferia um déspota de coragem a um liberal camuflado". Com isso, Azevedo Lima acreditava ter resolvido alguns problemas: isso precipitaria o problema de suas relações com BOC, encerrando-as – o que, ao mesmo tempo, lhe garantia a possibilidade de retomada de contato com aqueles setores que tradicionalmente o apoiavam, mas que se haviam afastado por conta de sua aproximação com o comunismo – e tornava claro que pretendia continuar com seu mandato parlamentar, desta vez com a máquina do governo a seu lado.

Como em qualquer crise, esta foi resultado de um processo. As críticas formuladas a Azevedo Lima foram certamente feitas ao longo de 1928. O fato de não se ter precipitado nenhuma crise a cada vez que lhe eram feitas críticas serve apenas para mostrar uma certa acomodação mútua entre as partes, pois não havia interesse para nenhum dos lados em fazer explodir a relação. Pelo lado do BOC e do PCB não era interessante abrir mão do parlamentar. Pelo lado de Azevedo Lima, talvez este acreditasse ainda ser possível levar a situação até a próxima eleição e não julgasse conveniente ficar sem nenhum apoio político. A eleição dos dois intendentes, que dera ao PCB um estratégico e importante posto político, muito provavelmente teve o condão de incentivar o partido a decidir-se pelo movimento definitivo e tomar as resoluções que definiu no seu III Congresso, as quais, por sua vez, deixaram claro a Azevedo Lima que o impasse estava posto e um ultimato lhe seria formulado.

No dia 5 de abril de 1929, Azevedo Lima foi publicamente expulso do BOC. O deputado carioca, que chegou a definir Júlio Prestes, quando era o representante do Bloco, como "chefe da plutoligarquia paulista", durante a campanha eleitoral achava desnecessário enaltecer "as virtudes que se lhe engrandeçam os méritos" do seu "eminente e particularíssimo amigo". Nas eleições de 1º de março de 1930, Azevedo Lima reelegeu-se mais uma vez. No entanto, com o desencadeamento da chamada "Revolução de 1930", perdeu seu mandato. Ironicamente, resolvera defender de armas em punho os últimos dias do mandato de Washington Luís e a posse de Júlio Prestes contra as forças da Aliança Liberal, que contavam – mais uma ironia – com o apoio de muitos daqueles "tenentes" a quem defendera no plenário da Câmara dos Deputados em 1924, razão pela qual acabou sendo preso em 22 de outubro de 1930.

Na ruptura com Azevedo Lima, avultaram as conseqüências da política de frente única eleitoral engendrada pelo Bloco Operário. Para Lima, esse acordo envolvia aquela eleição e os processos eleitorais, e, para o Bloco, o acordo tinha o pressuposto de que ganhava um mandato. Somente nesse momento os comunistas talvez tenham compreendido o conselho dado por Maurício de Lacerda em fins de 1926 para que buscassem apresentar uma "candidatura vermelha", "afirmativa e pura" em vez de "fingir que faziam um deputado". Quando os comunistas tentaram exercer um controle sobre o parlamentar que "fizeram" e sobre suas ações políticas, encontraram uma previsível resistência, que teve como resultado lógico a ruptura das relações.

O mandato dos intendentes cariocas do BOC

O mandato dos intendentes comunistas no Conselho Municipal do Distrito Federal viu-se cercado de intensa expectativa e curiosidade: eram os comunistas, agora sem nenhuma intermediação, que iriam ter assento e expressar-se diretamente na mais importante Câmara Municipal do Brasil.

Octavio Brandão leu na primeira intervenção que fez em plenário, em 3 de junho de 1929, o manifesto inaugural do BOC, no qual era feito um retrato da conjuntura do momento e se forneciam guias de ação para o próximo período. Depois de sumariar as atividades do BOC pelo país no longo interregno decorrido desde a solenidade de posse, em fins de dezembro de 1928, até o início das sessões do Conselho Municipal do Distrito Federal, em 29 de maio de 1929 – em que se aludiu à participação nas eleições de março de 1929 para deputado estadual no Rio Grande do Sul e aos protestos e comícios promovidos pelo BOC, bem como ao incêndio sofrido em sua sede e à prisão de Minervino de Oliveira, em 25 de maio, por ocasião de uma manifestação em favor dos gráficos paulistas –, o documento informava que o BOC contraíra empréstimos para apoiar financeiramente a greve dos gráficos de São Paulo e a realização do congresso de fundação da Confederação Geral do Trabalho do Brasil. Depois de passar em revista a situação internacional, a qual era apresentada como um quadro de constante "batalha entre as forças do proletariado e as forças da burguesia imperialista", examinava-se a situação do Brasil. O país era apresentado como vivenciando uma "crise avassaladora".

Além das decorrências diretas desse panorama, o proletariado não via as leis feitas em seu benefício serem cumpridas, sendo vitimado pela repressão quando reivindicava direitos, como no caso dos gráficos paulistas. Do mesmo modo, a classe média via agravar-se sua situação econômica e era vítima de uma crescente opressão política.

O manifesto caracterizava os partidos republicanos como responsáveis por tal quadro e como "esteio da contra-revolução brasileira, vendida ao imperialismo". Já os democráticos, vistos como a outra face da mesma moeda, eram apresentados como "a fração mais esperta da burguesia, que procura desviar para o leito prostituído da legalidade eleitoralista a correnteza das revoltas populares que amadureçem". O PCB e o BOC eram apresentados como as únicas organizações políticas que poderiam ter o apoio do proletariado.

Ressaltava-se que os problemas do país só seriam resolvidos por uma transformação radical do regime. Tal transformação, obedecendo à formulação etapista da revolução brasileira dos comunistas, passaria primeiro pela instalação de uma democracia pequeno-burguesa, desta resultando, posteriormente, uma democracia proletária.

Octavio Brandão, durante o processo de reconhecimento do resultado das eleições, afirmou à imprensa que parte de seu mandato seria dedicada a "pisar e repisar o 'ABC' do comunismo" e prosseguiu dizendo que "não passarei disso enquanto se não esteja bem enfronhado no assunto". Além disso, em entrevista ao *Correio da Manhã* de 30 de outubro de 1928, enfatizou outras características que seriam dadas aos mandatos do BOC:

> Dentro do Conselho Municipal a nossa obra deve ser e há de ser, principalmente, uma obra construtora de organização sindical e política. Por um lado, queremos a educação das massas populares; por outro lado, haveremos de pugnar, quanto em nós couber, por tudo quanto direta e imediatamente a elas possa interessar.

Aqui Brandão deixava apontados dois objetivos visados pela ação dos intendentes comunistas: o terreno "natural" deixado pelas elites brasileiras aos trabalhadores, os sindicatos, e o da "cidadela proibida" ao povo, a arena política.

Uma importante questão que perpassou os mandatos de Minervino de Oliveira e de Octavio Brandão foi a conexão da atuação "extraparlamentar" com a propriamente parlamentar. Já na Carta Aberta de 1927, os comunistas inseriram a questão da "responsabilidade dos políticos perante as massas", que algum tempo depois teve alguns de seus aspectos assim ressaltados por Astrojildo Pereira em artigo publicado no diário *Praça de Santos,* de 30 de janeiro de 1928:

> Candidato dum partido, ligado a este partido por laços de disciplina, o candidato operário não vai fazer na Câmara Municipal uma polí-

A CLASSE OPERÁRIA VAI AO PARLAMENTO 103

tica pessoal de arranjos e cambalachos mais ou menos inconfessáveis. Eleito, sujeito ao controle do partido, ele só poderá fazer, na C[âmara]. M[unicipal]., a política impessoal do partido a que pertence e que nele deposita sua confiança. Isto quer dizer que ele vai fazer a política do proletariado, política de classe, de franco e desassombrado combate em prol da classe operária.

Para isto, ele estará sempre em contato direto e cotidiano com a massa proletária. A esta prestará ele contas, em assembléias públicas, de seu mandato, de sua atividade na C.M. Por sua vez a massa proletária estará sempre ao seu lado, prestando-lhe todo o apoio necessário nas campanhas empreendidas.

Tais observações chocavam-se frontalmente com uma particularidade, ainda hoje persistente, do sistema político brasileiro: a transformação do mandato político eletivo em uma propriedade individual do eleito, decorrente da inexistência de uma cultura de representação político-partidária no Brasil.

Nesse sentido, os intendentes comunistas introduziram uma nova prática na cena política brasileira, em que pesem as exacerbações decorrentes da radicalização da orientação política do PCB. Durante seu mandato, buscaram pôr em prática aquele ponto da plataforma fazendo visitas e comícios nos locais de trabalho, nos bairros e nas favelas, tanto no Distrito Federal como em outras cidades de outros Estados. Minervino de Oliveira, em um pronunciamento feito na sessão de 3 de julho de 1929, deixara claro isso quando afirmou que, "ao sair daqui todos os dias, dirijo-me ao seio do proletariado, que procuro às portas das fábricas, das oficinas, e nas organizações operárias".

Minervino de Oliveira e Octavio Brandão iam tanto aos locais de trabalho do funcionalismo público – como a Oficina Geral do Almoxarifado, o Matadouro de Santa Cruz, as escolas, os hospitais, as ferrovias – como às empresas privadas. Com relação a estas últimas, os intendentes do BOC, além de também divulgar suas péssimas condições de trabalho em contraposição aos seus enormes lucros financeiros, denunciavam o não-cumprimento da legislação do trabalho por elas. A presença de ambos nesses lugares foi atestada pela polícia política carioca, que enviava seus investigadores para acompanhar as idas de Minervino de Oliveira e de Octavio Brandão "ao seio do proletariado"; essa investigação resultava numa grande série de relatórios sobre as práticas desses homens.

Embora o Supremo Tribunal Federal considerasse que os intendentes cariocas fossem equiparados aos deputados estaduais – o que significava que eles não poderiam ser presos –, a polícia política ignorava sua imunidade parlamentar e por várias vezes encarcerou os intendentes do BOC. Na questão da atuação "extraparlamentar", pode-se notar uma relevante distinção entre os mandatos de Azevedo Lima e dos intendentes. Para estes, a presença nos bairros e nas fábricas era uma prática cotidiana, que se refletia tanto nos pronunciamentos como nas propostas legislativas. Eram os representantes que se dirigiam aos representados. Com Azevedo Lima a via invertia-se: era o cidadão quem tinha de ir ao escritório político ou ao gabinete do parlamentar para fazer denúncias ou solicitar favores, além de ser tratado e cortejado como uma "personalidade" pelos próprios comunistas.

A atuação dos dois intendentes em plenário, de modo geral, obedecia a uma espécie de "divisão de trabalho" entre Minervino de Oliveira e Octavio Brandão. Assim, enquanto ambos faziam o trabalho de "agitação", por meio de pronunciamentos nos quais eram feitas denúncias sobre condições de trabalho nas empresas, sobre as condições de vida da classe operária, perseguições movidas contra os trabalhadores e suas organizações, leituras de cartas, manifestos, etc. ou se submetiam as proposições legislativas em tramitação no Conselho Municipal a exame por meio da ótica do BOC, a tarefa de "propaganda" era exclusivamente feita por Octavio Brandão, que procedia, muitas vezes por meio de leitura, à apresentação das caracterizações sócio-político-econômicas e dos posicionamentos dos comunistas sobre o Brasil e as questões internacionais, bem como sobre as relações da burguesia brasileira com os imperialismos americano e inglês. Esse trabalho de Brandão, por várias vezes, se assemelhou a uma espécie de atualização dos dados e argumentos apresentados em sua obra *Agrarismo e industrialismo* – pois as conclusões permaneciam inalteradas –, na qual eram arroladas intermináveis listas de relações econômicas entre setores da burguesia nacional com um ou outro dos imperialismos. Este era o "ABC do comunismo" que Brandão mencionara à imprensa antes de tomar posse.

Em sua reunião de 20 de novembro de 1928, a CCE do PCB também definira que a "linha geral" dos intendentes operários seria sempre votar pela "solução proletária", e, quando o voto de ambos fosse decisivo para uma questão qualquer, este seria contra a corrente mais reacionária. Essa decisão guiou as ações parlamentares dos intendentes do BOC durante o seu mandato e nela podem ser encontradas algumas causas das dificuldades que vivenciaram nesse período.

Essa resolução da CCE deixava implícita a visão que os comunistas tinham do Conselho Municipal: um reduto de reacionários, integrado por uma "maioria conservadora", composta por "representantes da grande burguesia", "membros e defensores da classe capitalista", "burgueses de terceira classe" etc. Tais epítetos, proferidos com espírito cáustico, eram recebidos, evidentemente, como insultos. Minervino de Oliveira e Octavio Brandão, em contraposição, apresentavam-se como "os" representantes dos trabalhadores, falando em nome da classe operária. Politicamente, desse modo, o conjunto dos intendentes era dividido pelos comunistas em três grupos: o BOC, os liberais e os conservadores.

A composição política do Conselho Municipal, por si só, dificultava o diálogo entre as várias correntes ali existentes, mas o modo pelo qual os intendentes do BOC faziam questão de deixar claro que não havia a menor possibilidade de composição política mostrava a dificuldade que os comunistas tinham em operar em um terreno no qual, mesmo sem abrir mão de princípios, o diálogo e uma certa flexibilidade são elementos relevantes para a obtenção de resultados. Com a manutenção dessa postura, os intendentes do BOC foram perdendo, ao longo de 1929, um certo "capital político", digamos assim, que haviam amealhado por ocasião da luta pelo reconhecimento dos seus mandatos, em fins de 1928.

Alguns intendentes, todavia, embora manifestassem divergências ideológicas com os comunistas, reconheciam a importância de sua atuação como representantes dos trabalhadores e tiveram, até determinado momento, a preocupação de chamar sua atenção sobre o modo pelo qual exerciam seu mandato e de como o sectarismo que os orientava poderia levá-los ao isolamento, tanto dentro do Conselho como perante a sociedade. Exemplar nesse sentido foi uma intervenção do intendente Costa Pinto: "V. Exs. não têm um programa: têm um tratado de guerra contra toda a humanidade".

Na resolução da CCE do PCB de 20 de novembro de 1928, a noção de "solução proletária" era fundada na concepção de divisão da sociedade brasileira em duas classes fundamentais: a proletária e a burguesa, existindo entre ambas uma camada social intermediária, a pequena burguesia, "que, rigorosamente, não forma uma classe", a qual os comunistas acabavam assimilando à primeira em decorrência de um processo de proletarização que a estaria atingindo. Apesar do declarado desejo de "formar um bloco" com a classe média, a aplicação da noção de "solução proletária", em termos de atuação legislativa, tinha, no entanto, um caráter mais restrito, como deixara claro Minervino de Oliveira: "Aqui estamos e aqui estaremos para colaborar apenas com a classe pobre".

Essa postura provocava um antagonismo extremado e até ingênuo a toda e qualquer proposta que julgassem fugir de tal característica, o que pode ser percebido por ocasião da discussão de dois projetos de lei que tratavam da autorização de empréstimos à prefeitura.

No primeiro deles, de número 37, de 1929, o prefeito pediu autorização para contrair um empréstimo interno de quarenta mil contos ou externo de oito milhões de dólares para pagar dívidas, ultimar obras públicas e "aumentar os salários e vencimentos dos operários e funcionários municipais". No entanto, em uma análise exemplar, Octavio Brandão demonstrou, em primeiro lugar, dada a não-existência no país de quem possuísse tais recursos disponíveis, que o empréstimo seria externo, o que significaria sobrecarregar mais a população. Em seguida, comprovou que parte significativa do empréstimo se destinaria aos pagamentos do resgate de outro empréstimo externo feito em 1928, de intermediários nacionais e estrangeiros, de seguros e dos empreiteiros de obras realizadas nos "bairros ricos". Além disso, parte dos recursos obtidos também seria destinada ao pagamento de "contas diversas", as quais, aliás, não eram discriminadas no projeto. Desse modo, demonstrava Brandão, o que restava para o pagamento do funcionalismo municipal era de pouca significância, sendo, portanto, uma mistificação da parte do prefeito o argumento de que os recursos do empréstimo serviriam para melhorar suas condições.

Se esse projeto de lei permitiu que o BOC fizesse uma muito bem fundamentada discussão sobre imperialismo e dependência externa, o Projeto de Lei nº 86, de 1929, mostrou a camisa-de-força que se tornou a resolução da CCE de 20 de novembro de 1928. Esse projeto autorizava o prefeito a contrair um empréstimo interno ou externo de dez mil contos para a construção de casas populares e outros fins. A ele foi apresentada uma emenda, de autoria do intendente democrático Leitão da Cunha, que vinculava o total do empréstimo exclusivamente à construção de "casas para proletários". No entanto, os intendentes do BOC preferiram votar contra o projeto e a emenda, justificando assim seu ato: "Desde que o regime é capitalista, essas casas fatalmente acabarão nas garras dos capitalistas e os proletários, como sempre, ficarão à margem, sem poder adquiri-las".

Tal dogmatismo, aliás, foi usado pelos seus adversários políticos para lançar-lhes provocações, como ocorrera por conta de uma indicação de autoria do intendente Nélson Cardoso. Nessa proposta de Cardoso, indicava-se ao chefe de polícia que mantivesse um posto policial no bairro de Inhaúma. Minervino de Oliveira, ao discuti-la, admitiu a importância da manutenção do posto. No entanto, deu seu voto contrário à indicação e defendeu a retirada do posto policial de Inhaúma em razão de, nos considerandos da proposta, o intendente Cardoso ter apresentado, como um dos motivos para a permanência da polícia em Inhaúma, o combate à propaganda de "idéias avançadas". Não conseguindo se desvencilhar dessa armadilha, os intendentes do BOC foram acusados pelos seus adversários por negarem proteção policial aos cidadãos de Inhaúma.

Enfim, a aplicação da resolução da CCE de 20 de novembro de 1928 condicionou de antemão a atuação dos intendentes do BOC, pondo-os, na prática, em atitude defensiva e acuada. Tal comportamento acabou produzindo uma postura que, liminarmente, rejeitava acordos ou compromissos com os membros do Conselho, que passaram ser vistos e tratados quase que todo o tempo como inimigos.

Durante os primeiros meses de sua atuação, os intendentes do BOC conseguiram manter boas relações apenas com Maurício de Lacerda, em razão de sua reaproximação com o PCB, que se deram de modo concomitante ao processo de afastamento de Azevedo Lima do BOC. Lacerda foi, durante o processo de reconhecimento dos mandatos de Minervino de Oliveira e Octavio Brandão, o mais destacado defensor da posse de ambos. Outro fator que ajudou na aproximação foi a ruptura de Lacerda com o Partido Democrático Nacional. Embora tal atuação tenha ajudado no restabelecimento dos contatos, pode-se considerar como determinante o fato de que Lacerda era uma espécie de "delegado civil" de Luiz Carlos Prestes, o que inseria o reatamento de suas relações no bojo da política de aproximação dos comunistas com os "tenentes".

Por ser um experimentado político, que gozava do respeito dos demais intendentes, em várias ocasiões Lacerda, valendo-se de sua autoridade política, intercedeu em favor dos parlamentares comunistas em polêmicas com outros intendentes, em suas críticas a determinadas decisões da Mesa ou, simplesmente, a fim de que não se enredassem nas sutilezas interpretativas do Regimento Interno.

Essa relação de amistosa colaboração, no entanto, começou a tomar o rumo da cizânia em razão da questão da sucessão presidencial de 1930. As negociações com Prestes e os "tenentes" acabaram em impasse, pois justamente nessa época Getúlio Vargas começou a conquistar o apoio dos "tenentes" para sua candidatura e, habilmente, conseguiu isolar e neutralizar Prestes, que tendia a se aproximar dos comunistas. Enquanto o BOC rumou a uma candidatura própria, Lacerda passou a defender abertamente Vargas. Isso levou os comunistas, especialmente Octavio Brandão, a investirem cada vez mais, e de modo agressivo, contra Lacerda, o qual, em fins de novembro de 1929, fez um pronunciamento no qual afirmava que deixaria de apoiar os intendentes do BOC e passaria a agir por si mesmo.

A resposta do BOC à ruptura de relações feita por Lacerda foi a leitura, por Minervino de Oliveira, de algumas cartas em plenário na sessão de 5 de dezembro. Em uma delas, de autoria do jornalista e militante comunista Josias Carneiro Leão, um "tenente civil", tornaram-se públicas críticas de Luiz Carlos Prestes a Lacerda. As outras, de autoria de seus irmãos Paulo e Fernando, atacavam Maurício de Lacerda. No entanto, por ação de um grupo de intendentes que propusera dias antes uma medida a fim de evitar a publicação dos pronunciamentos dos intendentes comunistas, como veremos adiante, o discurso de Oliveira foi censurado e as cartas acabaram não sendo publicadas. Quando se esperava uma resposta por parte de Lacerda, este silenciou, atendendo a um pedido pessoal de Juarez Távora para que adiasse sua resposta, "a fim de não prejudicar a causa". Ao mesmo tempo, os "tenentes" buscaram apaziguar Luiz Carlos Prestes, pedindo que este não polemizasse publicamente com Lacerda, pelos seus "bons serviços à causa de Julho". E assim se encerrou a polêmica.

A ação legislativa dos intendentes comunistas

A produção legislativa dos intendentes do BOC ocorreu basicamente durante o ano de 1929. Depois da aprovação da indicação que impediu a publicação de seus pronunciamentos em plenário, os intendentes do BOC pouco compareceram ao Conselho Municipal.

Os intendentes do BOC apresentaram durante o ano de 1929 apenas cinco projetos de lei, dos quais dois foram rejeitados, dois tiveram sua tramitação truncada pela chamada "Revolução de 1930" e um foi aprovado. Este último, subscrito por Maurício de Lacerda, Octavio Brandão e Leitão da Cunha – a única propositura legislativa que não foi assinada por Minervino de Oliveira –, regulamentava o horário das farmácias em domingos e feriados. Nesse caso, nunca é demais recordar que Octavio Brandão era farmacêutico de formação.

Os outros quatro projetos tinham como objeto o funcionalismo público municipal. Em dois deles, cumprindo um ponto da plataforma do BOC, buscava-se implantar o salário mínimo na categoria, que se sugeria que fosse no valor de 360$000. No terceiro, o BOC propunha que se instituísse uma tolerância de quinze minutos no atraso dos funcionários públicos. No último dos projetos rejeitados, os intendentes comunistas propuseram uma realocação de recursos, retirando-os da verba destinada à remodelação da cidade – por eles tratada como "obra suntuária" –, para o pagamento dos salários em atraso do funcionalismo, resultante da orientação do Executivo em priorizar o pagamento do serviço de juros de dois grandes empréstimos efetuados pela prefeitura.

Enquanto os projetos de lei do BOC acabaram espelhando questões corporativas, não enfocando diretamente preocupações mais cotidianas da população carioca, estas acabaram se vendo mais tratadas por meio das indicações. As indicações apresentadas ao longo do ano de 1929 trataram de vários temas e, ao contrário do que ocorreu com os projetos de lei, tiveram um grande índice de aprovação por parte dos demais intendentes. Das 24 apresentadas, dezoito delas foram aprovadas, três foram rejeitadas e outras três não tiveram sua tramitação concluída. Esse grande índice de aprovação talvez possa ser compreendido pelo fato de que, endereçado a outras instituições e ao Executivo, estes tinham a faculdade de tomar alguma providência em relação ao objeto da indicação, o que acabava não gerando compromissos de maior monta entre aqueles que votavam favoravelmente a uma indicação, afora seus autores. Além disso, como essas indicações versavam em boa parte sobre demandas populares, seria possível que os demais intendentes pudessem até captar algum "dividendo eleitoral" por conta de seu apoio a essas questões. Todavia, as indicações mais polêmicas apresentadas pelo BOC e que tinham um caráter de confronto com o governo acabaram rejeitadas: o apoio à demanda de reconhecimento da URSS pelo governo brasileiro; o protesto contra a apreensão de *A Classe Operária* e a invasão da sede do BOC, e contra a ação da polícia em greves, a prisão de presos políticos ao lado de presos comuns e protesto pelo não-cumprimento da Lei de Férias.

Sobre as indicações aprovadas, sete delas envolviam as empresas privadas de transporte urbano e suburbano. Elas tratavam de questões como a redução de tarifas, os trajetos das linhas e a cobertura das plataformas de parada, além de referir-se aos seus funcionários (motorneiros e telefonistas). Também apontavam e, ao mesmo tempo, denunciavam o alto grau de intromissão dessas empresas na vida cotidiana dos habitantes cariocas por conta das indicações que se referiam à venda de passes da Central do Brasil aos moradores dos subúrbios. Esses usuários eram prejudicados pela falta de passes, o que os obrigava a atravessar a linha para pegar o trem, o que resultava geralmente em multas e prisões, pois não podiam pagar. Essas indicações reivindicavam ainda passe-livre aos que conduziam bolsas ou embrulhos de compras feitas em feiras-livres, para que atravessassem as estações da Central do Brasil nos subúrbios, isentando-os da cobrança por transporte de bolsa ou embrulho de compra.

Outras três indicações aprovadas tratavam de pavimentação e iluminação das ruas dos subúrbios cariocas, mostrando o abandono a que estavam relegados os seus moradores pelo poder público municipal. Outras apontavam para a construção de escolas, para a criação, nos postos de saúde, de novo horário de atendimento para consultas e fornecimento gratuito de medicamentos a fim de beneficiar a população trabalhadora, para a proibição aos senhorios de desligar a eletricidade das habitações coletivas após as 22 horas, mantendo-a permanentemente ligada durante a noite. Além dessas, outras questões situadas no âmbito das relações de trabalho, como a sugestão de ordem – iniciando-se pelo menor e encerrando-se com os maiores salários – do pagamento dos salários em atraso aos funcionários públicos municipais e a indicação da obrigatoriedade da construção de banheiros para os funcionários do cais do porto do Rio de Janeiro, foram sugeridas em indicações pelos intendentes do BOC e aprovadas pelo Conselho Municipal.

Por fim, cumpre destacar uma última indicação que se reportava à questão da memória do movimento operário. Por meio dessa indicação de Minervino de Oliveira e de Octavio Brandão, o BOC buscou homenagear antigos militantes anarquistas e comunistas então já falecidos, propondo que seus nomes fossem dados a ruas de "bairros proletários". Embora a indicação tenha sido aprovada pelo Conselho Municipal em 1929, até hoje não existem no Rio de Janeiro ruas com esses nomes. Talvez isso mostre que a esquerda tenha encontrado outras formas de preservar essa memória ou, o que seria trágico, que os tenha realmente esquecido. Mas, isto é certo, a elite brasileira deles ainda se lembra...

Enfim, todo esse conjunto de fatos abordados pelas indicações serviu aos intendentes do BOC para mostrar a política discriminativa exercida pelos prefeitos e sustentada pelas sucessivas legislaturas de intendentes no Distrito Federal com relação à maioria da população carioca e as mais variadas carências na vida cotidiana da população carioca.

Essas indicações, embora tenham sido até vistas positivamente pelas bases comunistas, acabaram sendo objeto de crítica por parte da ala mais esquerdista da direção do PCB, que classificava tais proposições como "uma política de conciliação e cooperação com a burguesia". Influenciada pelo radicalismo então vigente nas orientações do PCB – pela qual se colocava na ordem do dia a revolução e não havia mais espaço para outra coisa que não a sua preparação –, a atividade parlamentar dos intendentes do BOC acabou criticada pela direção comunista em uma resolução do III Pleno do Comitê Central do PCB, realizado em fins de outubro de 1929:

> Na atuação, dentro do Conselho, houve as seguintes falhas parlamentaristas, que poderão prejudicar o trabalho revolucionário, caso não sejam corrigidas:... atenção aos pedidos individuais ou de grupos de eleitores, sem o controle do Partido; estreiteza nas reivindicações imediatas...

A orientação da direção comunista, como veremos mais adiante, mostrava que ela julgava ver em algumas das demandas e das ações dos trabalhadores, sobretudo as que acabavam resultando em greves, os prolegômenos de uma situação revolucionária para o Brasil e tratava o restante delas apenas como reivindicações "estreitas". Isso acabava, na verdade, dificultando na efetivação de um diálogo político do PCB com a classe operária, pois esta tinha o foco de suas ações mais voltado para conquistas econômicas. Os comunistas não se deram conta disso e acabaram ao longo desse período se isolando. No entanto, as correntes políticas que conformaram a Aliança Liberal conseguiram captar os anseios dos trabalhadores e canalizá-los para seus fins. Nesse sentido, é imprescindível citar um trecho do programa da Aliança Liberal lido por Getúlio Vargas no comício da Esplanada do Castelo, realizado em 2 de janeiro de 1930:

Não se pode negar a existência da questão social no Brasil, como um dos problemas que terão de ser encarados com seriedade pelos poderes públicos...

A atividade das mulheres e dos menores nas fábricas e estabelecimentos comerciais está em todas as nações cultas subordinada a condições especiais, que entre nós, até agora, infelizmente, se desconhecem.

Urge uma coordenação de esforços entre o governo central e o dos Estados, para o estudo e adoção de providências de conjunto, que constituirão o nosso Código do Trabalho.

Tanto o proletariado urbano como o rural necessitam de dispositivos tutelares aplicáveis a ambos, ressalvadas as respectivas peculiaridades.

Tais medidas devem compreender a instrução, educação, higiene, alimentação, habitação; a proteção às mulheres, às crianças, à invalidez e à velhice; o crédito, o salário e até o recreio, como os desportos e cultura artística.

É tempo de se cogitar da criação de escolas agrárias e técnico-industriais, da higienização das fábricas e usinas, saneamento dos campos, construção de vilas operárias, a aplicação da lei de férias, a lei do salário mínimo, as cooperativas de consumo, etc.

É sintomático o fato de que várias das reivindicações relativas à legislação social da Aliança Liberal já constassem da plataforma do BOC, mas os comunistas revelaram-se incapazes de travar um diálogo com as massas para fazê-las tomar o rumo que propunham, do modo como o fez a Aliança Liberal.

A "cassação branca" dos mandatos dos intendentes comunistas

Em decorrência de sua visão de que o Conselho Municipal do Rio de Janeiro era um "reduto de reacionários", os intendentes comunistas eram pouco propensos a qualquer espécie de atitude que fosse vista como aproximação com os demais setores políticos da Casa. Assim, quando falecia algum personagem ilustre e propunha-se alguma espécie de homenagem, os intendentes do BOC declaravam que se recusavam a associar-se às "homenagens à classe capitalista" e retiravam-se do plenário, o que resultava em óbvia campanha anticomunista. Nela não se fazia uso de uma argumentação mais refinada nem se buscava fazer uma discussão ideológica. Nas críticas ao comunismo feitas no Conselho Municipal do Distrito Federal, usavam argumentos como destruição da família, instituição do amor livre, perseguição às religiões, abolição da propriedade etc. Desse modo, punha-se dentro do Conselho Municipal a campanha de perseguição ao comunismo que o governo Washington Luís já desencadeara nas ruas.

Foi, no entanto, o uso da polêmica entre os intendentes do BOC e Maurício de Lacerda que permitiu aos segmentos anticomunistas desfecharem um duro e definitivo golpe sobre os intendentes do BOC. A ruptura entre eles foi o toque de alerta aos intendentes anticomunistas de que era chegado o momento de tomar uma iniciativa mais contundente contra Minervino de Oliveira e Octavio Brandão. Até então, com o apoio de membros da Mesa, os intendentes do BOC eram freqüentemente interrompidos em seus pronunciamentos para serem advertidos de que deveriam se ater ao tema da ordem do dia – coisa que não ocorria jamais com os outros intendentes –, do contrário, a sessão, por manobra regimental, seria encerrada em meio a seus pronunciamentos.

Em 28 de novembro de 1929, os intendentes Baptista Pereira, Corrêa Dutra e Mário Barbosa apresentaram uma indicação, que tomou o número 180, na qual pediam que a Mesa impedisse a propaganda comunista no plenário. Redigida com o típico vocabulário dos inquéritos policiais, alegava que os intendentes do BOC, de maneira "tenaz, fria e metódica", desvirtuavam o mandato eletivo "outorgado pelo povo ordeiro e laborioso do Distrito Federal" ao realizar "propaganda impávida do crime, da destruição social e da moralidade pública e privada". Para os subscritores dessa proposição legislativa, embora a Constituição do Brasil garantisse a "representação das minorias" e a liberdade de manifestação, não era possível tolerar a transposição dos "marcos extremos invioláveis da moralidade, da religião, da família e da sociedade, dentro das quais se agitavam os seres normais, respeitosos da sua condição humana, conscientes do grau de progresso a que atingiram na seleção biológica". Além da "propaganda subversiva e criminosa", também incomodava aos autores da indicação o fato de os intendentes do BOC dizerem-se representantes dos trabalhadores, "porquanto o voto honrado dos operários dignifica a investidura de todos os intendentes, os quais mantêm com eles um convívio ininterrupto, diário e fraternal".

A Indicação nº 180 deixava claros os limites das chamadas correntes "liberais" governistas: não havia espaço para uma oposição ideológica e sistemática que questionasse os fundamentos político-econômicos do regime. Além disso, a indicação mencionava expressamente, embora com outra interpretação, o artigo 134 do Regimento Interno do Conselho Municipal, que permitia a requisição de força policial para garantir a ordem, mesmo em plenário.

O rompimento de Lacerda deu aos autores da Indicação nº 180 a convicção de que os intendentes do BOC estavam sós. Mesmo assim, Brandão voltou à carga contra Lacerda e reiterou seus ataques, elevando o tom. Destemperado, em um pronunciamento realizado em 2 de dezembro, afirmou que os comunistas iriam pagar os favores dos quais Lacerda se achava devedor informando-o sobre o "Regimento que teremos de criar quando o Conselho for traduzido para o russo, transformado em Soviet...". No dia seguinte, a publicação pelo diário *A Manhã* de uma suposta lista de execuções que seriam feitas quando o PCB tomasse o poder se combinou com outra polêmica a respeito da alegada responsabilidade dos comunistas no caso dos trabalhadores ferroviários que foram demitidos por terem sido presos quando se dirigiam para a sessão de encerramento do I Congresso do BOC. Ambas geraram mais uma acalorada discussão no Conselho Municipal.

No dia 4 de dezembro, um pronunciamento de Minervino de Oliveira foi interrompido por uma manobra regimental que suspendeu a sessão. No dia seguinte, Oliveira conseguiu fazer o discurso, no qual lera cartas de Josias Leão e dos irmãos Paulo e Fernando de Lacerda atacando Maurício de Lacerda. A censura a essa fala acabou sendo o teste para a medição de forças de que necessitavam aqueles que apoiavam a Indicação nº 180. Alegando que o ataque a Maurício de Lacerda fora "insultuoso aos senhores Intendentes e ofensivo à dignidade dos nossos homens públicos", Baptista Pereira apresentou um requerimento verbal solicitando a sua não-publicação na página oficial do Conselho Municipal, que era veiculada no *Diario do Commercio*, e nos *Anais*. Apesar de ter havido uma resistência inicial por parte do presidente, o intendente Henrique Maggioli, a pressão de vários intendentes o fez pôr a votos a proposição. Por doze votos contra três, o requerimento de Baptista Pereira foi aprovado. Após o encerramento da votação, Maurício de Lacerda, que se retirara durante o pronunciamento de Minervino de Oliveira, retornou ao plenário, numa clara indicação de que os intendentes do BOC estavam desamparados.

Finalmente, no dia 11 de dezembro a Indicação nº 180 foi posta a votos e aprovada por dez contra sete (note-se que nesse dia Octavio Brandão não esteve presente à sessão por motivo de saúde). Além disso, como uma questão que permaneceu nos bastidores, já se apresentava a eleição da nova Mesa para o ano de 1930 e sua articulação certamente perpassou o debate da indicação. Todos os membros que compuseram a Mesa de 1930 votaram favoravelmente à indicação.

Os intendentes do BOC ainda tentaram reverter essa decisão apresentando outra indicação anulando a de nº 180, mas sem sucesso. Embora ainda tenham sido publicados alguns pronunciamentos e proposições em 1929, a indicação começou a ser posta em prática. Além disso, em razão da intensa perseguição movida pela polícia política aos intendentes do BOC, estes, a partir de fins de dezembro de 1929, passaram a viver na clandestinidade a fim de evitar sua prisão, abandonando seus lares e morando em residências de vários militantes comunistas, o que, evidentemente, dificultava ainda mais a sua atuação no Conselho Municipal. Mas foi a nova Mesa de 1930 que garantiu, efetivamente, o cumprimento da Indicação nº 180, de 1929, uma nódoa indelével na história política e legislativa do Brasil, que só teve par durante o regime militar instaurado em 1964 e que transformou os dois intendentes do BOC em seres sem existência real.

A partir de junho de 1930, os pronunciamentos de ambos eram inicialmente indicados apenas pela fórmula "faz considerações sobre o projeto em debate" e somente as suas intervenções na forma de aparte eram registradas, mesmo assim mutiladas e reduzidas, o mais das vezes, a uma única frase. Quanto às suas propostas legislativas, nenhuma delas foi impressa nos Anais publicados de 1930.

A rigor, embora não existisse naquela época o instituto da perda do mandato, pode-se considerar a Indicação nº 180 o ato da primeira cassação de mandato parlamentar da República brasileira.

6. O fim do boc

Ao mesmo tempo em que repercutiam positivamente, tanto no Brasil como em Moscou, os sucessos do BOC, uma série de alterações na orientação política da Internacional Comunista e do PCB e um recrudescimento no quadro político nacional fizeram que a obra até então construída se visse posta em xeque, tanto interna como externamente. Para que possamos ver melhor esse entrelaçamento de fatores, é necessário que examinemos algumas questões. Fundamentalmente elas podem ser apreendidas, no âmbito internacional, pelo exame das conseqüências das resoluções do VI Congresso da Internacional Comunista, do 10º Pleno do Comitê Executivo da Internacional Comunista e da Primeira Conferência Comunista Latino-Americana, que significaram uma brusca reorientação na linha política que os partidos comunistas vinham até então levando. E, no campo nacional, pelo exame das decisões do III Congresso do PCB, as quais marcam alguns pontos de inflexão na trajetória dos comunistas brasileiros, e do III Pleno do Comitê Central do PCB, evento que assinala a assimilação das novas orientações políticas da Internacional Comunista. Com base nesses dois ângulos, é possível perceber seus efeitos sobre a ação do BOC nesse período que seria o final de sua trajetória.

O VI Congresso da IC

O VI Congresso da IC, ocorrido em julho de 1928, em Moscou, assentou, depois de um agudo período de conflitos entre Josef

Stalin e Leon Trotsky e seus seguidores, a hegemonia da tendência stalinista sobre a Internacional Comunista.

O VI Congresso constatara uma "radicalização das massas" (cuja existência estaria sendo materializada pelas crescentes greves, enfrentamentos com a repressão e pelo aparecimento, nessas mobilizações, de palavras de ordem políticas ao lado de reivindicações econômicas) e um agravamento nas contradições capitalistas, que conduziriam o capitalismo à ruína. Esse congresso marcou um processo de sectarização esquerdista nas orientações da IC. Nele foram referendadas as políticas conhecidas como "classe contra classe" (na qual se afirmava que as burguesias nacionais já não eram mais uma força revolucionária antiimperialista, devendo os comunistas rechaçar alianças com tais forças) e do "Terceiro Período" (o primeiro – de 1917 a 1923 – fora considerado o de crise do capitalismo e ascensão revolucionária; o segundo – de 1923 a 1927 – fora o de estabilização parcial do capitalismo; e o terceiro seria o de uma estabilização relativa do capitalismo em que ocorreria uma ascensão da economia capitalista, ao lado de um novo crescimento das formas socialistas da economia na URSS, a qual levaria a uma quebra da estabilização capitalista e a uma agravação da crise geral do capitalismo). Em termos práticos, tais orientações decretavam a morte da política de frente única.

O VI Congresso da IC dividiu os países em três grupos: os de capitalismo altamente desenvolvido, para os quais estava colocada a questão da ditadura do proletariado; os de nível médio, que visavam às conquistas democrático-burguesas antes que a revolução se tornasse socialista; e, por fim, os países coloniais, semicoloniais e dependentes. Para estes a "transição à ditadura do proletariado é possível, como regra geral, somente através de uma série de etapas preparatórias, como resultado de todo um período de transformação da revolução democrático-burguesa em revolução socialista", como definiam suas resoluções. Tais países teriam a ajuda daqueles que viviam sob a ditadura do proletariado (isto é, a URSS), já que eram incapazes de, por si sós, chegar ao socialismo. Entre esses países, estava o Brasil.

No informe dedicado à América Latina – o que ocorreu pela primeira vez na história dos congressos da IC –, afirmava-se que o imperialismo acentuava ali o desenvolvimento concomitante da indústria e da colonização, impedindo o surgimento de uma burguesia autônoma. Seu autor, o suíço Jules Humbert-Droz, afirmou que era necessário que os partidos comunistas se ligassem às organizações operárias e camponesas de massa e à massa da pequena burguesia revolucionária para a luta revolucionária não de forma temporária, mas permanente, por meio da constituição de um bloco que agrupasse as organizações operárias e camponesas, no qual "o Partido Comunista exercerá sua influência, sua direção, verdadeiramente, e na qual o Partido Comunista, por meio de suas frações terá em mãos seriamente a cada uma das organizações aderentes". Já com respeito à pequena burguesia, far-se-ia apenas uma frente única ocasional para evitar a penetração de sua influência entre as fileiras comunistas. Humbert-Droz citava o exemplo do BOC, o qual agrupava organizações operárias e camponesas, mas corria o risco de que pequeno-burgueses pudessem dele se apossar e que dentro dele o Partido Comunista se desagregasse e se dissolvesse.

No período decorrido entre o V e o VI Congressos, surgiu e foi adotada pelo Partido Comunista da União Soviética (PCUS) e pela IC a teoria do "socialismo em um só país". Como resposta ao isolamento em que a URSS se vira jogada e pela perspectiva de que o prazo para a revolução mundial se dilatara enormemente, Stalin apresentou como alternativa a "ficar vegetando à espera da revolução mundial" a perspectiva da construção do socialismo dentro das fronteiras da URSS. Essa teoria ficou subjacente às elaborações da IC no que se refere à questão da defesa da URSS ante a ameaça de invasão externa. A ênfase nas disputas interimperialistas entre Estados Unidos e Inglaterra, que eram apontadas como causas de uma possível guerra interimperialista e anti-soviética, justificava o estabelecimento dessa política de defesa do Estado soviético. As resoluções do VI Congresso refletiam, na verdade, as necessidades da política externa da URSS, na qual os partidos e países latino-americanos tinham sua importância considerada em relação ao valor que poderiam ter no enfrentamento da União Soviética com os imperialismos.

O 10º Pleno do CEIC

Embora o arcabouço da mudança esquerdista tenha se constituído no VI Congresso, foi no 10º Pleno do seu Comitê Executivo (CEIC), ocorrido de 3 a 19 de julho de 1929, que a IC, no dizer do historiador francês Pierre Broué, "entrou com os dois pés nas loucuras do terceiro período". Nesse Pleno, realizado após a ruptura entre J. Stalin e Nikolai Bukharin, foi ratificada a decisão da Comissão Central de Controle e do Comitê Central do PCUS de afastamento do Bukharin de todas as suas funções da IC. Essa reunião, da qual tomou parte Astrojildo Pereira, marcou a proeminência definitiva de Stalin tanto na IC como no PCUS. O afastamento de Bukharin também seria simbólico do empobrecimento teórico e do "militantismo" que então passam a tomar conta da IC.

Além da consagração do combate ao "social-fascismo", o 10º Pleno ressaltou "que o desvio de direita constitui atualmente o principal perigo no Partido Comunista". Esse desvio, considerado "o agente da influência burguesa na classe operária e das tendências social-democratas no movimento comunista", manifestava-se pela atenuação da luta contra a social-democracia, pela superestimação das forças desta e, como conseqüência, pela subestimação do papel dos partidos comunistas. No documento final do 10º Pleno, também era apontada a importância da questão para os partidos comunistas dos chamados "países coloniais": "A luta reforçada contra os desvios de direita é necessária também nos partidos comunistas dos países coloniais, onde os elementos oportunistas são os veículos da influência burguesa e pequeno-burguesa no proletariado e entravam sua luta independente".

As orientações esquerdistas da IC ao longo dos anos de 1930 redundaram, no caso brasileiro, no afastamento de praticamente toda a direção que havia fundado o partido, além de uma orientação extremamente sectária. No campo internacional, o resultado mais desastroso dessa nova orientação política foi, sem dúvida alguma, propiciar a ascensão de Hitler ao poder na Alemanha, em 1933, em razão da recusa de realizar uma aliança com a social-democracia.

O III Congresso do PCB e os preparativos do BOC para a eleição presidencial de 1930

Ocorrido de 29 de dezembro de 1928 a 4 de janeiro de 1929, em Niterói, o III Congresso do PCB manteve, em linhas gerais, a visão política do conclave anterior. As teses apresentadas ao III Congresso foram aprovadas preliminarmente na reunião da CCE de 17 de setembro de 1928 e submetidas ao Secretariado Sul-Americano da Internacional Comunista (SSA-IC).

Pouco antes, ocorrera a volta da delegação do PCB que participara do VI Congresso da IC, a qual apresentou um informe sobre os trabalhos realizados em Moscou na reunião da CCE de 14 de outubro de 1928.

As resoluções do III Congresso afirmavam que no período decorrido até ali se comprovaram as teses de 1925, tendo-se acentuado o processo de reagrupamento das forças sociais, no qual ocorrera, de um lado, a consolidação de uma aliança entre as burguesias agrária e industrial, ambas submetendo-se ao imperialismo, e, de outro a "radicalização das massas laboriosas", abarcando os setores mais pobres da pequena burguesia. Tais reagrupamentos, em primeiro lugar, seriam resultado da crescente subordinação econômico-financeira em relação ao imperialismo, ao mesmo tempo em que se desenvolviam as forças produtivas do Brasil que tinham três origens: os empréstimos externos, a dependência industrial e a subordinação provocada pelo café, o qual dependia, de um lado, dos capitais ingleses para financiar o Instituto do Café e, de outro, dos capitais americanos, os maiores consumidores do café brasileiro. Em segundo lugar, os comunistas avaliavam que a valorização artificial do café impunha as condições para uma "crise catastrófica, de conseqüências incalculáveis para toda a economia nacional". E, por fim, um importante fator de reagrupamento das forças sociais brasileiras seria o antagonismo entre o que eles chamavam de forças externas de compressão, forma elíptica para falar do imperialismo, e forças internas de expansão.

A pressão "dupla e antagônica" do imperialismo ocorria sobre as duas facções da burguesia brasileira: a "burguesia agrária e conservadora", dependente do capitalismo britânico, e a "burguesia industrial, pretensamente liberal", apoiada no capitalismo norte-americano. Tal pressão teria acentuado "os antagonismos das forças sociais internas, aumentando a exploração e a opressão das massas laboriosas em geral", causa de "descontentamentos populares acumulados" que explodiram nas revoltas militares de 1922 e 1924. Nessas duas primeiras etapas, ocorrera um agrupamento entre a "burguesia industrial e liberal" e a pequena burguesia contra a "burguesia agrária e conservadora". É exatamente nesse ponto que se opera uma mudança importante em relação às conclusões de 1925. O III Congresso apresenta uma nova etapa: a terceira, que correspondia aos combates da Coluna Prestes ocorridos em 1925 e 1926.

Essa terceira etapa teria tomado um "sentido cada vez mais popular" resultante da tendência de um agrupamento mais estreito entre a pequena burguesia e a massa trabalhadora que se fazia "em geral contra a burguesia agrária e industrial". Esse "agrupamento mais estreito" alude obviamente à política de aproximação do PCB entabulada com a Coluna Prestes. Na visão dos comunistas, a terceira etapa teve como conseqüência a aliança entre as duas burguesias, "visando dar solução 'pacífica' e 'legal' aos problemas nacionais exacerbados pela revolução". Além disso, essa aliança deu-se também como resultado da "capitulação da burguesia 'liberal' diante do imperialismo", visando ao reforçamento da exploração dos trabalhadores. A próxima etapa da revolução tinha, na visão dos comunistas, suas condições de explosão já postas na conjuntura em razão da "radicalização das massas".

Essa análise da situação política teve reflexos diretos na avaliação sobre o Partido Democrático de São Paulo e dos outros partidos democráticos:

> Não foi por acaso que o Partido Democrático se, fundou precisamente depois da explosão de 1924 e *precisamente* em São Paulo. Baseado numa plataforma "liberal" e "democrática", de forma superdemagógica, ele atrai para suas fileiras e procura manter, sob sua influência, largas massas populares da pequena burguesia e mesmo da classe operária. Mas sua direção está em mãos da grande burguesia, e toda sua atividade visa a aplicação de soluções pacifistas, por meio do voto secreto e outras panacéias deste gênero. Seu programa resume-se nisto: "representação e justiça", palavreado arquivago e arquivazio, destinado unicamente a amortecer o descontentamento da massa popular. Ao mesmo tempo, na sua qualidade de mão esquerda da burguesia, o Partido Democrático prepara-se para, a favor das circunstâncias, subir ao poder, como sucessor "pacífico" – por milagre do voto secreto – da mão direita, conservadora e reacionária, que se acha no governo.

Oficializou-se desse modo a disputa das bases pequeno-burguesas pelo BOC com os democráticos, ao mesmo tempo em que atacava sua direção, fazendo, assim, dos "tenentes" e seus aliados agrupados em torno de Luiz Carlos Prestes "a" pequena burguesia com a qual buscavam se aliar.

Enfim, a visão que o III Congresso do PCB consolidou da situação política daquele momento foi a de um processo de reagrupamento de forças, em que se confrontariam, de um lado, alianças entre a burguesia agrária e a burguesia industrial e, de outro, entre a pequena burguesia e o proletariado. Essas alianças também tinham conseqüências na forma de solucionar as questões nacionais, opondo-se as vias pacífica e insurrecional. A primeira dessas vias, defendida pelos democráticos, significava a "capitulação da burguesia nacional perante o imperialismo", e a segunda, a comunista, importava em luta contra o imperialismo e o capitalismo nacional pela implantação do "governo operário e camponês".

As resoluções indicavam uma provável "perspectiva da terceira revolta", que apontava para uma "revolução democrática, agrária e antiimperialista", mas deixavam claro que os comunistas teriam um longo caminho para pôr-se à sua frente. Antes disso, era preciso que o PCB fizesse uma "série de manobras políticas e táticas, estabelecendo alianças com as demais forças revolucionárias vizinhas do proletariado". A primeira dessas manobras seria a constituição de um bloco envolvendo os operários urbanos e rurais e os pequenos lavradores, tarefa esta que já teria sido iniciada pelo BOC. A segunda seria a aliança entre o PCB e a Coluna Prestes, "vanguarda revolucionária da pequena burguesia".

O que é relevante mencionar aqui é que essas conclusões mostravam que o PCB – ao fazer da condicionante "imperialismo determina as ações da burguesia nacional" a base de suas diretivas – perdia a capacidade de tentar compreender a disputa que se desenhava entre as facções da burguesia nacional, o papel das articulações empreendidas pelos "tenentes" e os humores da pequena burguesia, cujo resultado, como sabemos, apontou em caminho distinto do indicado pelos comunistas.

Na resolução especificamente dedicada ao BOC, sua orientação até ali fora considerada "justa", manifestando-se confiança em suas possibilidades de tornar-se uma "grande organização política das mais vastas massas operárias e camponesas". Chamando a atenção para sua atuação como organização de massa e como forma de trabalho legal do PCB, a resolução alertava para dois perigos. O primeiro, já assinalado por Jules Humbert-Droz durante o VI Congresso da IC, era o risco de os comunistas perderem a direção do BOC, o que poderia resultar na "degenerescência eleitoral" deste e transformá-lo em massa de manobra de políticos da pequena burguesia, atrelando, desse modo, o proletariado a eles. O outro perigo seria a adaptação da linha do PCB ao conteúdo político do BOC, perigo este manifestado pela tendência, ocorrida com alguns militantes, de "ocultar o Partido sob o pretexto de que as massas têm medo da palavra comunismo". Na resolução política, essa questão também era tratada e ali se deixava claro que o PCB deveria manter sua fisionomia própria e não deveria nem se fundir nem desaparecer dentro do BOC.

A partir do seu III Congresso, os comunistas começaram a orientar suas ações e as do BOC no processo de sucessão presidencial que se desencadeou no ano de 1929.

Com o afastamento de Azevedo Lima da presidência do BOC, a direção do PCB indicou João Jorge da Costa Pimenta para substituí-lo, sendo seu nome confirmado em uma assembléia realizada no dia 13 de junho de 1929. Contando com a presença dos comitês eleitorais dos sapateiros, metalúrgicos, gráficos, tecelões, trabalhadores da indústria alimentícia, marmoristas, mulheres, camponeses, de Laranjeiras, da Gávea, de Campos, de Niterói, de Sertãozinho, além de Pimenta, foram eleitos Octavio Brandão, para 1ª secretário, o gráfico Leonel Tavares Dias Pessoa, para 2ª secretário, o gráfico Ferreira da Silva, para tesoureiro, e o ferroviário Joaquim Nepomuceno, para arquivista.

Se a vitória dos candidatos do BOC no Distrito Federal entusiasmou a militância, foi também um estímulo para que o trabalho pelo crescimento do BOC se ampliasse pelo país. Assim, a direção do PCB decidiu investir na expansão do BOC em outros Estados. No início do ano, já havia se constituído uma seção em Alagoas. Além disso, os comunistas também buscaram modificar a estrutura organizativa do BOC com a proposta de organização de comitês do Bloco nos locais de trabalho. Essa proposta pode ser vista como uma transposição para a estrutura do BOC das células de empresa do PCB, o que, apesar dos alertas suscitados durante o III Congresso do partido, acabou sendo mais um elemento que, na prática, acabava propiciando a sobreposição de atribuições entre as duas organizações. Outra mudança foi a expansão da atuação dos comitês femininos, por meio da criação de subcomitês de mulheres nos blocos regionais e nos centros políticos proletários.

Ao mesmo tempo, os comunistas iniciaram os preparativos rumo à campanha presidencial com um ano de antecedência e o fizeram do mesmo modo que nas campanhas anteriores. Assim, no Rio de Janeiro *A Classe Operária*, órgão oficial do PCB, publicou convocações de eleitores solicitando seu comparecimento à sede do BOC do Distrito Federal ou à Vara Eleitoral para tirarem fotos ou darem entrada em processos para obtenção de títulos ou, então, retirarem seus títulos etc.

Os comunistas não pretendiam lançar um nome próprio às eleições presidenciais, pois tinham a expectativa de poder lançar a candidatura de Luiz Carlos Prestes ou de alguém próximo a ele.

Em junho de 1929, após participar da Primeira Conferência Comunista Latino-Americana, em Buenos Aires, o PCB aproveitou a ocasião para discutir o problema diretamente com Prestes. O programa apresentado pelo PCB aos "tenentes", inspirado em um apresentado no VI Congresso da IC, propunha nacionalização das terras e divisão dos latifúndios; nacionalização das empresas industriais e bancárias imperialistas; abolição das dívidas externas; jornada de oito horas, Lei de Férias, aumento de salários e outras melhorias para os trabalhadores; liberdade de organização e imprensa; direito de greve; e legalidade para o PCB.

Prestes e seus companheiros consideraram os dois primeiros itens da proposta inaceitáveis, o que os levou a apresentar uma contraproposta, evidentemente rechaçada pelos comunistas, marcando assim o impasse nas negociações.

Ao mesmo tempo, os "tenentes" começaram a negociar uma aproximação com os democráticos e a Aliança Liberal, e tais negociações tinham entre os seus intermediários Maurício de Lacerda. Prestes naquele momento já manifestava sua trajetória de aproximação com o comunismo, mas acabou neutralizado pela Aliança Liberal até as eleições. Ao mesmo tempo, com a radicalização da política comunista e sua crescente hostilidade em relação aos "tenentes", o PCB foi se isolando cada vez mais dos setores que apoiavam os "tenentes", o que se expressou também na perda de espaço que os comunistas tinham na imprensa oposicionista brasileira. Desse modo, ao contrário do que vinha ocorrendo desde 1927, os comunistas acabaram sem um canal alternativo de expressão, o que, combinado com a perseguição da polícia ao órgão oficial do PCB, *A Classe Operária*, resultou em um violento cerceamento do espaço de comunicação com setores mais amplos do que os comunistas conseguiam se relacionar usualmente.

Mesmo assim, no campo sindical, em relação aos comunistas, o ano de 1929 foi muito movimentado. Do ponto de vista organizativo, realizaram-se vários congressos estaduais, como em Pernambuco, Rio de Janeiro, Rio Grande do Sul, São Paulo, para a constituição de Federações Sindicais Regionais e que desembocaram no congresso de fundação da Confederação Geral do Trabalho do Brasil (CGTB), realizado, de 26 de abril a 1º de maio de 1929, no Rio de Janeiro, na sede da Associação dos Trabalhadores da Indústria Mobiliária. A esse congresso, estiveram presentes delegações da Bahia, Ceará, Distrito Federal, Mato Grosso, Paraíba, Pernambuco, Rio Grande do Norte, Rio Grande do Sul, Rio de Janeiro, São Paulo, além de representações locais de Campos (RJ), Paranaguá (PR), Ribeirão Preto, Santos, Sertãozinho e Tabapuã (SP). Ao final dos seus trabalhos, que se encerraram com um comício comemorativo do 1º de Maio ao qual estiveram presentes entre quinze e vinte mil trabalhadores, o intendente do BOC Minervino de Oliveira foi escolhido para ser seu secretário-geral.

O congresso de criação da CGTB também acabou produzindo benefícios ao próprio BOC, pois vários dos delegados sindicais, muitos dos quais militantes comunistas, tiveram contato com a direção nacional e receberam diretivas referentes ao Bloco. Isso pode ser constatado particularmente no caso do Ceará, que contava, entre seus delegados, com José Joaquim de Lima, que voltou com a missão de organizar o BOC em Fortaleza e a seção regional do PCB.

Essa atividade de organização também foi acompanhada de mobilizações sindicais, com a eclosão de várias greves ao longo do ano. A mais notável delas foi a dos gráficos paulistanos, que durou 72 dias (de março a maio de 1929).

A greve dos gráficos foi uma espécie de divisor na forma de ação do governo em relação aos trabalhadores e, particularmente, aos comunistas e às entidades por eles controladas. Antes da greve, o governo disputava espaço com os comunistas no âmbito das eleições para as instituições sindicais. No entanto, desde a greve a atuação dos governos, tanto estaduais como o federal, passou a incorporar uma intensa e violenta repressão dirigida contra as mobilizações, os sindicalistas e as suas entidades, bem como contra as associações que lhes manifestassem solidariedade. Além de reprimir mobilizações e prender manifestantes, o governo ordenava a invasão e o fechamento das sedes das entidades, causando mortes e ferimentos. Muitas dessas violências acabaram sendo denunciadas pelos intendentes do BOC no plenário do Conselho Municipal.

Esse movimento grevista, como no caso dos gráficos paulistas, era impulsionado pelos militantes do PCB, que enxergaram nesse processo uma "radicalização das massas", em consonância com as resoluções do VI Congresso da IC: "a vaga de greves vai crescendo a olhos vistos", afirmavam a cada documento que produziam. Por conta disso, eles as estimulavam na orientação do "Terceiro Período", mas acabavam, como no caso dos gráficos paulistas, perdendo de vista que parte significativa das mobilizações e das reivindicações era apenas de caráter econômico ou corporativo. Insistiam em nelas ver o que não tinham: motivações políticas, como o curso esquerdista da Internacional Comunista imaginava haver.

Primeira Conferência Comunista Latino-Americana

No processo de centralização e controle exercido pela facção de Stalin sobre a Internacional Comunista, a realização da Primeira Conferência Comunista Latino-Americana, de 1º a 12 de junho de 1929, em Buenos Aires teve um importante papel. A Conferência, embora não tivesse o poder de votar decisões obrigatórias e impor suas resoluções ao conjunto dos partidos, serviu para homogeneizar as novas orientações políticas resultantes do VI Congresso da IC. Além disso, permitiu a constituição de um aparato dirigente no Secretariado Sul-Americano da Internacional Comunista, que foi uma base estratégica nesse processo de controle por parte do grupo stalinista.

Nas teses elaboradas pela Comissão Latino-Americana do VI Congresso da IC, e apresentadas e aprovadas na Primeira Conferência Comunista Latino-Americana, a questão da forma orgânica de frente única com a pequena burguesia foi proposta não com o objetivo de formar de um partido comum, mas sim de constituir uma aliança temporária que seria posta em prática por meio da criação dos blocos operários e camponeses.

Na Primeira Conferência Comunista Latino-Americana, o principal informe coube ao suíço Jules Humbert-Droz, delegado do CEIC, em boa parte calcado naquele que dera em Moscou sobre os países da América Latina. Na parte relativa aos blocos operários e camponeses, Humbert-Droz, porém, conseguiu ser menos genérico do que o fora durante o VI Congresso e dar uma melhor idéia de como a IC via a questão:

Temos, por fim, outra forma de ligação com as massas e que adotamos geralmente: *o bloco operário e camponês*... A vantagem de um tal meio de ligação com as massas operárias e camponesas é que evita a confusão gerada pela criação de outro partido diferente do Partido Comunista. A situação recíproca do Bloco e do Partido Comunista é clara. O Partido Comunista participa do Bloco, sendo o único Partido que o faz conjuntamente com outras organizações de massas. Continua, ante os olhos das massas como o único partido revolucionário, o único partido do proletariado.

Além disso, não é uma organização tão completa nem tão compacta como um partido político: é uma forma de organização ocasional, mais flexível que a de um partido e que dá aos seus componentes liberdade de ação. Pode, portanto, englobar massas mais amplas, porque tem uma forma de organização que se presta melhor a uma tal conjunção de forças. Organizações operárias e camponesas que não adeririam a um partido aderem a um bloco momentâneo, cujo fim é definido, a um Comitê de ação, a um congresso operário.

Humbert-Droz afirmou que as finalidades de um bloco operário e camponês não deveriam ser apenas eleitorais, pois ele tanto poderia transformar-se em uma fachada legal para a disputa de eleições como ser um agrupamento de grandes massas. De qualquer modo, além da mobilização, o bloco serviria como fonte de recrutamento permanente de militantes para o Partido Comunista. No entanto, mencionando exemplos relativos ao BOC no Brasil, ele alertava, reiterando as advertências por ele feitas no VI Congresso da IC, para os riscos de esses organismos encobrirem os partidos comunistas.

Ao final da Conferência, foi aprovada uma resolução referente aos problemas de organização dos partidos comunistas da América Latina na qual um dos seus trechos tratava da questão dos blocos operários e camponeses. Nela foram acatadas as posições expostas por Humbert-Droz, destacando-se as questões da adesão coletiva e da importância de os partidos comunistas manterem sua própria fisionomia perante os blocos.

A polêmica prosseguiu e se ampliou depois do encerramento da Conferência, em duas reuniões especiais entre a delegação brasileira e Humbert-Droz, representando o CEIC, um representante da Internacional da Juventude Comunista e outro do SSA-IC.

Na primeira delas discutiu-se a tática do PCB em relação às eleições presidenciais. Um dos delegados brasileiros afirmou que a situação política do Brasil apresentava possibilidades de movimentos revolucionários nos quais a "pequena burguesia revolucionária" – isto é, os "tenentes" ligados a Prestes – poderia desempenhar um importante papel. O brasileiro avaliou que aquela situação deveria ser resolvida por uma "tática mais esquerdista que apenas a participação nas lutas eleitorais" e que, por isso, os comunistas brasileiros consideravam "conveniente consultar Prestes e, se ele estiver disposto a lutar conosco, apoiaremos sua candidatura à presidência", mas, em caso contrário, os comunistas lançariam candidatos próprios "para demonstrar em toda a campanha eleitoral no que consiste o revolucionarismo de Prestes". Humbert-Droz reagiu furiosamente, dizendo que era inadmissível que o PCB ficasse aguardando uma resposta de Prestes para decidir que atitude tomar perante a campanha presidencial, no que foi secundado pelo delegado do SSA-IC, o qual afirmou que esse posicionamento era uma "verdadeira submissão do nosso Partido à política da pequena burguesia".

O representante do CEIC deixava claro que o PCB deveria ser enfático em mostrar, com sua "tática independente", que a única saída para os trabalhadores seria a revolução democrático-burguesa. Todos os presentes acabaram concordando com Humbert-Droz, e decidiu-se na reunião que os comunistas, por meio do BOC, deveriam se apresentar com candidatos próprios e como força independente, e, caso Prestes aceitasse o programa do PCB, ele poderia ser o candidato do BOC.

Dias depois, ocorreu outra reunião. Voltando-se ao assunto da sucessão presidencial, decidiu-se elaborar o programa a ser apresentado a Luiz Carlos Prestes. Por fim, discutiu-se na reunião o funcionamento do BOC. Na verdade, o que se pretendia aí era que o BOC se enquadrasse no modelo exposto por Humbert-Droz durante a Conferência, sobretudo o da representação aberta do PCB dentro do Bloco. Mas um comunista brasileiro, o metalúrgico José Casini, discordou, dizendo que não se podia correr o risco de transformar o BOC em um segundo Partido Comunista, pois as massas poderiam afastar-se do Bloco. Prosseguiu afirmando que o BOC possuía comitês de fábrica e que, embora não se houvesse discutido a adesão de sindicatos ao Bloco, este havia atuado em várias greves. Também reiterou o que fora já dito na Conferência sobre a não-adesão oficial do PCB ao BOC e sua representação em caráter aberto nele, justificando-a como uma medida de segurança, mas que as massas sabiam distinguir uma organização da outra. Apesar de os outros integrantes da delegação brasileira terem concordado com os demais presentes, a oposição de Casini provocou o encerramento da reunião, sem nenhuma decisão formal sobre o BOC.

Em julho de 1929, o SSA-IC enviou uma carta ao PCB, na qual eram reiterados os argumentos referentes ao BOC, a fim de que este não encobrisse o PCB e dificultasse sua transformação em um partido de massa. Também o PCB era criticado por haver compreendido, "muito tarde", o caráter político da greve dos gráficos paulistas. Já com relação à sucessão presidencial, o SSA-IC acreditava que os "tenentes", em razão de sua oscilação entre o Partido Democrático e o PCB, teriam perdido alguma ascendência entre as massas – "embora seja ainda grande sua influência entre as massas, é menos sólida, visto a 'Coluna' não representar mais o papel de guia único do movimento revolucionário" –, coisa que, por seu turno, os comunistas estariam adquirindo – "sobretudo por meio do Bloco Operário e Camponês, que o transformou, como partido independente de classe, numa força real que, cada vez mais, monopoliza a influência da classe operária". A onda de prisões e invasões, inclusive da sede do BOC, e as apreensões de *A Classe Operária* ocorridas a partir de junho de 1929 acabaram reforçando as convicções dos comunistas brasileiros em favor de sua postura de não atuarem abertamente no Bloco em nome do PCB, e, ao menos em um primeiro momento, a carta do SSA-IC foi ignorada. No entanto, em termos orgânicos, a questão da aceitação exclusiva de adesões coletivas ao Bloco, talvez até em razão da publicação da carta na revista do SSA-IC, começou a ser implantada nos Estados, o que ocorreu, por exemplo, nas conferências regionais ou em reuniões ampliadas dos comitês regionais de São Paulo, do Rio Grande do Sul e de Pernambuco.

O SSA-IC aperta as cravelhas

Com a realização do 10º Pleno do CEIC, as coisas, no entanto, começaram a mudar de figura. Em primeiro lugar, pela consagração de J. Stalin e sua facção como a corrente hegemônica na IC. Em segundo lugar, como conseqüência disso, consolidou-se completamente o controle do aparelho da IC pela introdução de novos militantes ou, como no caso do SSA-IC, da confirmação de seus dirigentes, agora sustentados incondicionalmente pelo CEIC.

Valendo-se das decisões do 10º Pleno do CEIC, o SSA-IC enviou uma carta aberta aos partidos comunistas na qual se alertava contra os perigos de direita dentro das próprias fileiras comunistas. Essa carta, de setembro de 1929, iniciava-se com um ataque ao "provincialismo" dos partidos comunistas latino-americanos, que era uma crítica do SSA-IC ao isolamento destes apenas em seus problemas, sem relacioná-los com as questões internacionais. Isso estaria evidenciado, na opinião do Secretariado, pelo fato de o conjunto dos partidos não ter discutido "as decisões e a linha política fixada pelo VI Congresso da I.C.".

Embora em sua carta o SSA-IC aparentasse estar expondo as decisões do VI Congresso, na verdade o que fazia era apresentar as interpretações dadas pelo 10º Pleno do CEIC, como uma forma de talvez dar mais autoridade ao documento. Assim, a Carta Aberta chamava a atenção para as linhas do "Terceiro Período", do "social-fascismo" e dos "perigos de direita" nos partidos comunistas, em especial com relação aos dois últimos pontos.

Embora alguns dos principais dirigentes da IC, como Humbert-Droz e Ruggero Grieco, considerassem que, com exceção da Argentina, não existiam nem partido nem tradições social-democratas na América Latina, o SSA-IC, por meio de uma ginástica semântica, transformou os partidos democráticos e nacionalistas em socialistas. Mas como nas resoluções do 10º Pleno se enfatizara que também nos países coloniais a luta contra a direita deveria ser reforçada, o SSA-IC transformou essa questão no centro da Carta Aberta, destacando as bases políticas da direita na América Latina:

1º) – Sobrestimação das possibilidades revolucionárias da burguesia nacional e da pequena burguesia;

2ª) – Ligação de muitos de nossos partidos com os partidos pequeno-burgueses e falta de uma tática independente de nosso partido, como tal;

3o) – Subestimação do caráter semicolonial do país; incompreensão do conteúdo agrário do movimento e, por conseguinte, o perigo de perder as perspectivas revolucionárias do movimento.

Como se vê, as "bases" apontadas pelo SSA-IC atingiam, no caso do PCB, vários pontos do núcleo de sua política levada a efeito em relação aos "tenentes". Como resultado de tais "bases", os perigos da direita manifestar-se-iam pela incapacidade de os partidos comunistas se apresentarem diante das massas como organismos com uma política independente, pelo temor em romper, nos meios sindicais, com os reformistas e "denunciá-los abertamente como traidores", pelo "provincialismo", pela passividade dos partidos perante os movimentos de massa e, por fim, em uma menção expressa ao BOC, pela ocultação do Partido Comunista.

Tais manifestações tinham como resultado, na opinião do SSA-IC, pôr os partidos comunistas a reboque dos acontecimentos, em vez de dirigi-los, e permitir, inclusive pelo fato de a base social dos partidos ter origem pequeno-burguesa, a penetração da influência da burguesia nas fileiras comunistas e nas massas trabalhadoras.

Para fazer frente a esse quadro, o SSA-IC propôs que os partidos comunistas latino-americanos estudassem as resoluções do VI Congresso da IC, do 10º Pleno do CEIC e da Primeira Conferência Comunista Latino-Americana, o que lhes permitiria "ligar o discurso dos problemas internacionais com os problemas nacionais" e realizar uma "depuração necessária" das fileiras comunistas dos elementos de direita. Vários dos argumentos apresentados não eram novos, no entanto, dessa vez, a eles se juntava o qualificativo de "direita" a essa política, e, mais, isso ocorria com o endosso da Internacional Comunista.

No Brasil, as decisões do 10º Pleno do CEIC e da Carta Aberta do SSA-IC provocaram conseqüências, no âmbito do BOC, antes mesmo que o III Pleno do Comitê Central do PCB se reunisse. No início de outubro, como vimos no capítulo referente à ação dos intendentes do BOC, Octavio Brandão passou a atacar publicamente Maurício de Lacerda. Valendo-se de um pronunciamento deste em que instara os eleitores cariocas a votar em Getúlio Vargas, Brandão o questionara sobre seu gesto, fazendo-o, no entanto, sob o ângulo do "social-fascismo". Semanas antes, ao destacar um trecho de uma entrevista em que Vargas dera mostras de simpatia pelo fascismo, o intendente do BOC ressaltara a faceta fascista do candidato da Aliança Liberal.

Naquele início de outubro, já sendo claras as negociações e a aproximação entre Maurício de Lacerda, os partidos democráticos e a Aliança Liberal, enquadrá-los na etiqueta "social-fascista" foi uma conseqüência lógica, sobretudo a partir dos estímulos externos vindos da IC e do SSA-IC. Note-se aqui, no entanto, que, embora os "tenentes" já estivessem em tratativas com a Aliança Liberal e houvessem rejeitado as propostas dos comunistas e também o SSA-IC de há muito viesse pressionando o PCB rumo a uma ruptura com Luiz Carlos Prestes e seus companheiros, estes ainda foram preservados dos ataques naquele momento.

O III Pleno do Comitê Central do PCB

O III Pleno do Comitê Central do PCB realizou-se de 29 a 31 de outubro de 1929, no Rio de Janeiro, sendo nele apreciados os resultados da Primeira Conferência Comunista Latino-Americana e do 10º Pleno do CEIC, e discutidos o BOC, a situação política nacional e internacional, a sucessão presidencial, os perigos de direita, a questão agrária e a juventude.

O III Pleno concluíra que a situação política do Brasil passara, como se definira durante a Primeira Conferência Comunista Latino-Americana, de um "período pré-revolucionário" para uma "situação objetivamente revolucionária". Tal mudança, enquadrada na orientação geral do "Terceiro Período", era apresentada como resultante do aumento da instabilidade política do Brasil, que, por sua vez, era produto da combinação da ruptura entre as facções agrária e industrial da burguesia nacional a respeito da política de valorização do café e de questões econômicas regionais, da luta interimperialista anglo-americana e da "radicalização cada vez maior da massa trabalhadora e da pequena burguesia proletarizada".

O III Pleno estabeleceu que o PCB não poderia ter uma posição de neutralidade na campanha eleitoral. Dessa forma, as massas deveriam ser mobilizadas com o programa do BOC e com as palavras de ordem comunistas, "numa luta independente, de classe contra classe, tendo em vista a revolução agrária e antiimperialista pelo governo operário e camponês".

Para isso, os comunistas deveriam buscar a consolidação de um bloco revolucionário que abrigasse o proletariado e a pequena burguesia. Essa burguesia, por um lado, deveria ser "radicalizada" por meio de "uma crítica implacável" aos erros e às oscilações dos chefes pequeno-burgueses e, por outro, pela "destruição implacável" das ilusões com a Aliança Liberal, a fim de demonstrar as ligações dos "conservadores, 'liberais' e 'democráticos' com o imperialismo internacional e com seus lacaios da grande burguesia dos campos e das cidades". Neste posicionamento de ultimato, evidenciava-se a influência do SSA-IC, o qual dera instruções aos comunistas brasileiros no sentido da "necessidade de que o Partido e o Bloco realizem cada vez mais uma política independente de todas as forças da pequena burguesia". Desse modo, os comunistas deveriam lançar candidaturas e programa próprios, por intermédio do BOC, e também as palavras de ordem: "Transformemos a luta pela sucessão presidencial numa luta revolucionária", "Pela revolução agrária e antiimperialista" e "Pelo governo dos operários, camponeses, soldados e marinheiros".

No III Pleno, o BOC foi objeto de muitas críticas, sobretudo da ala esquerdista mais identificada com a política do "Terceiro Período". Estes, convencidos da existência de uma "situação objetivamente revolucionária" no país, viram no BOC manifestações dos chamados "perigos de direita"

Apesar disso, o BOC, tendo em vista a proximidade das eleições presidenciais, acabou sendo, de certa forma, preservado. O III Pleno aprovou uma resolução referente ao BOC, na qual, embora afirmasse ter sido "justa" a sua linha parlamentar e extraparlamentar, teceu-lhe fortes críticas. De um lado, censurou seu fraco trabalho entre as massas, a ausência de um trabalho extraparlamentar sistemático por parte de seus intendentes e a falta de consolidação de seus organismos de base. De outro, no que se refere à atuação propriamente parlamentar de seus representantes no Conselho Municipal do Distrito Federal, a resolução apontava como demonstrações de seus "desvios oportunistas" os seus discursos longos e a utilização de terminologia difícil, uma certa obediência às "praxes regimentais", a falta de propaganda sobre o PCB, a ausência de críticas aos atos de Maurício de Lacerda, a atenção às demandas populares sem o controle do PCB e, por fim, um trabalho insuficiente de "desmascaramento do parlamento burguês". No conjunto dessas críticas ao BOC e aos seus representantes, observa-se um fenômeno recorrente em partidos políticos: as direções partidárias buscam eximir-se da responsabilidade da elaboração e da condução de uma linha política jogando-a sobre aqueles que a executam. E aqui não foi diferente, pois tanto Octavio Brandão quanto Minervino de Oliveira foram considerados responsáveis por orientações que eram discutidas e aprovadas em reuniões do Comitê Central do PCB.

O III Pleno marcou, por meio de "uma autocrítica leninista", a absorção das críticas do SSA-IC sobre a política de aliança com os "tenentes" e as relações entre o PCB e o BOC. Neste último caso, em razão da avaliação de que o Brasil vivia uma "situação objetivamente revolucionária", o principal foco de ação dos comunistas foi deslocado do BOC, ao qual restou apenas o papel de fachada eleitoral, para o PCB. Os comunistas, imbuídos da lógica do "Terceiro Período" e convencidos da inevitabilidade de um processo revolucionário, acreditavam que lhes caberia conduzir diretamente esse processo, sem a necessidade de órgãos auxiliares como o BOC, que deveria apenas apresentar candidatos e agitar palavras de ordem.

O I Congresso do BOC

Imediatamente após a realização do III Pleno do Comitê Central do PCB, aconteceu o I Congresso do BOC, ocorrido de 3 a 5 de novembro, que se realizou, em razão da recusa da maioria dos intendentes cariocas em ceder o prédio do Conselho Municipal para a realização do evento, clandestinamente, em um "casebre perdido entre a estação de Campo Grande e Guaratiba".

O I Congresso do BOC valeu-se da presença de parte dos delegados comunistas de outros Estados que participaram do III Pleno do Comitê Central do PCB e ficaram mais alguns dias no Rio de Janeiro. O Congresso – que também alterou o nome da organização para Bloco Operário e Camponês do Brasil (BOCB) – contou com a presença de pouco mais de trinta delegados, representando 44 organizações, vinculadas ao BOC, de doze Estados brasileiros.

Um ponto a destacar foi o notável crescimento do número de organizações aderentes e de unidades da Federação abrangidas pelo BOC em relação a agosto de 1928, quando então vinte delas, representando dois Estados, se reuniram para definir as candidaturas de Minervino de Oliveira e Octavio Brandão. Vários dos delegados representavam mais de uma organização, o que, em parte, era resultado das condições de clandestinidade em que se deu o Congresso, mas também poderia indicar que muitas dessas organizações nada mais fossem do que o agrupamento de uns poucos militantes, portanto, carentes de real representatividade. De qualquer forma, a esquerdização da orientação política do PCB, a julgar-se pelo isolamento crescente dos intendentes do BOCB, combinada com a sistemática repressão desencadeada pela polícia política, parece mostrar um estreitamento na penetração do BOCB. Também ressaltam os ausentes, como o BOC do Ceará, o Comitê Eleitoral dos Gráficos e a Coligação Operária de Santos, especialmente os dois últimos. O Comitê dos Gráficos não enviou delegados, pois boa parte de seus membros fora recentemente expulsa do PCB por discordar da linha sindical do partido. Já com respeito à organização santista, sua ausência foi resultado das sistemáticas perseguições que a polícia política local vinha movendo contra a Coligação Operária de Santos e suas organizações sindicais.

O I Congresso do BOCB serviu para chancelar, de modo geral, a mudança de orientação política firmada no III Pleno do Comitê Central do PCB, o que era perceptível pelo exame do novo programa aprovado na reunião.

Em seu conjunto, perpassava no programa aprovado pelo I Congresso a idéia básica de que existiam as condições para o desencadeamento de uma nova "revolta", na qual poderia realizar-se uma ação comum contra a burguesia por parte da classe média e do proletariado, sob a hegemonia deste último e dirigido pela "vanguarda consciente do proletariado industrial". O prolongamento de tal "revolta" desembocaria na revolução agrária e antiimperialista, cuja radicalização poderia promover uma revolução proletária, dirigida pelo PCB.

De modo aberto ou subjacente, essa visão estava presente nos vários tópicos em que se dividia o novo programa. Este era um documento muito mais extenso e detalhado que o de 1927, mostrando, pelo número de reivindicações apresentadas, o acúmulo de experiência que vinha tendo desde seu surgimento e que tomava um caráter nacional. Pode-se também vê-lo, de modo geral, como uma espécie de junção entre o Programa do BOC de 1927 e o Programa de Reivindicações do PCB apresentado em 1926, ambos, porém, subordinados à orientação política do "Terceiro Período". Tal junção sinalizou também que BOCB e PCB a partir de então, além de uma plataforma comum, partilhavam uma mesma política.

O novo programa tinha um caráter mais doutrinário, desejando mostrar que não queria apenas obter mais um voto para os seus candidatos, mas, sim, conquistar militantes para realizar a "revolução agrária e antiimperialista", ao contrário do de 1927, em cuja introdução fazia-se uma discussão política a respeito da importância da participação dos trabalhadores em um processo eleitoral e de fazê-la sob a forma de frente única.

Ao abordar o quadro político da sucessão presidencial, o BOCB apresentava os partidos políticos e seus respectivos candidatos à sucessão presidencial do mesmo modo que até então vinha fazendo:

> O candidato Julio Prestes é um instrumento da classe capitalista em geral e dos grandes fazendeiros de café em particular. Sua política é a do Partido Republicano e a do imperialismo inglês. Candidato da mão direita da burguesia ... O candidato Getulio Vargas é um instrumento da classe capitalista e do imperialismo norte-americano. Candidato fascista a fingir de mão esquerda da burguesia. Liberal na aparência e reacionário na substância.

Diante desse quadro, cabia ao povo brasileiro optar pelo fascismo ou pela "revolução agrária e antiimperialista, preliminar da revolução proletária".

É verdade que parte significativa do novo programa tinha suas bases tomadas do de 1927. Assim, não havia diferenças dignas de menção nas reivindicações dos itens referentes ao imperialismo, reconhecimento *de jure* da URSS, anistia, autonomia do Distrito Federal, leis de exceção e ensino e educação.

Havia, no entanto, outros casos em que foram introduzidas pequenas, mas importantes, modificações.

Curiosamente, exceto quando se referiu à URSS, o novo programa não tocava na questão da formação de sovietes, forma organizativa que os comunistas apresentavam como substitutiva das casas legislativas, o que deixava implícita a manutenção do Poder Legislativo com sua conformação de então. Isso se pode perceber, no item referente à legislação social, quando o programa apresentou a reivindicação do prosseguimento da tramitação do "Código do Trabalho", então parado no Senado Federal.

No caso do item relativo à legislação social, as novas propostas referentes à jornada de trabalho, em relação ao programa de 1927, determinavam a redução da jornada de oito para sete horas no máximo por dia e redução da jornada semanal máxima de 44 para 40 horas.

Outro item que apresentou modificações foi o referente aos impostos. No programa do BOC, afirmava-se que somente os ricos deveriam pagar impostos. Já no programa do BOCB, apontava-se para uma taxação por classes, na qual o proletariado ficaria isento de impostos, a classe média teria os valores dos seus reduzidos em 50% e os da burguesia seriam aumentados, sem, curiosamente, que fossem definidos os valores que iriam ser aplicados a seus impostos. Outra proposta relativa a impostos, mas no âmbito da crítica da reforma monetária do governo Washington Luís, foi a extensão do imposto de renda aos grandes proprietários rurais.

Embora o foco do novo programa estivesse no processo revolucionário, nem por isso a questão dos "direitos políticos de classe" deixou de ser tratada. No grupo dos tópicos do programa do BOC que sofreram alterações no programa de 1929, deve-se mencionar o acréscimo da extensão de direito de voto aos analfabetos, feita, no item relativo ao "voto secreto", pela primeira vez na história da República brasileira. Com respeito aos mais importantes segmentos da população que naquela época não tinham o direito de votar, a defesa do voto feminino já possuía, além dos comunistas, alguns apoios nas correntes políticas mais liberais do Brasil. No entanto, o mesmo não se dava com a sua extensão aos analfabetos, o que servia para mostrar as limitações e o elitismo de democráticos e outros grupos políticos, tanto é assim que somente em 1988 é que esse direito foi conquistado pelos brasileiros.

Embora mantivessem a concepção crítica relativa à ineficácia da conquista do voto secreto para resolução dos problemas nacionais, os comunistas, em que pese também o seu posicionamento sectário, deixavam aqui indicada a questão da ampliação do exercício de voto e cidadania e a incorporação das grandes massas aos processos democráticos. Nesse campo, embora localizado no item referente à juventude e às mulheres, é relevante destacar também a proposta de redução, de 21 para 18 anos, da idade mínima para o exercício do direito de voto.

As novidades no programa estavam nas questões voltadas às reivindicações dos militares, dos trabalhadores rurais e dos índios.

Com respeito aos primeiros, viu-se pela primeira vez, de maneira pública, uma nova vertente de preocupações dos comunistas. Até então o relacionamento dos comunistas com os militares dera-se por meio da questão da aliança com os "tenentes" e direcionado no sentido da constituição de organismos comuns para a via insurrecional, sem haver, no entanto, interpenetração orgânica. Foi somente no início de 1929 que os comunistas brasileiros, instados diretamente pela IC, passaram a preocupar-se em desenvolver a propaganda de suas idéias e a conquistar e organizar militantes nas fileiras militares. Definiu-se então que a propaganda entre os soldados e marinheiros deveria prosseguir objetivando a constituição de células entre eles, dirigindo, ao mesmo tempo, os soldados contra os oficiais, ignorando o que aconselhavam os "tenentes" ("trabalhar somente entre os oficiais e considerar a tropa como uma massa inconsciente manobrada pelos primeiros"). Reivindicações como "alargamento radical dos insignificantes direitos atuais", supressão dos castigos físicos, aumento do soldo e melhoria do "rancho" já eram indicativas da atuação dos comunistas entre os militares.

A parte referente à questão agrária era o tópico mais extenso do programa do BOCB, revelando a importância que os comunistas pretendiam dar ao tema. Embora mesmo antes da realização do VI Congresso da IC os comunistas brasileiros tivessem noção da importância da questão agrária – basta recordar o acréscimo da palavra "camponês" ao nome do Bloco Operário –, foi a partir de então, com a compreensão da predominância do caráter agrário nos países latino-americanos, que a IC passou a chamar a atenção de suas seções para o assunto.

Embora a base econômica do Brasil fosse agrária, deduzindo-se daí a importância de uma atuação do PCB no campo, o fato é que os comunistas tinham uma insignificante atuação nesse setor. Assim, o programa de 1929, como os anteriores, marcou mais um desejo de ação do que propriamente o resultado de uma atuação e o acúmulo de experiência.

Além de apresentar dados estatísticos referentes à concentração da propriedade rural, o programa do BOCB criticava a política de elevação dos preços do café praticada pelo governo brasileiro, que beneficiava a "insignificante minoria dos grandes fazendeiros" e os "imperialistas que a aproveitam para conquistar novas posições estratégicas na economia e na política nacionais", e sacrificava a maioria dos brasileiros. O programa de 1929 afirmava que a "revolução agrária e antiimperialista" ali preconizada tinha como meta fazer o país livrar-se "dos restos de escravidão, da servidão e do imperialismo". O novo conjunto de reivindicações apresentadas possuía um nítido caráter anticapitalista e trazia pontos como anulação das dívidas, confisco e nacionalização das terras, reforma agrária e "criação dos organismos armados dos operários agrícolas".

Nas reivindicações relativas aos índios apresentadas no programa do BOCB, nas quais estes eram equiparados "às massas rurais em geral", a principal palavra de ordem era o direito de "criar uma civilização própria, como está sucedendo na União Soviética". Poucos meses antes, até a realização da Primeira Conferência Comunista Latino-Americana, o PCB não tinha a respeito dos índios nenhuma opinião mais aprofundada. No programa de 1929, não se percebe, exceto pela menção factual a alguns protestos promovidos por certos grupos indígenas, a menor evolução no conhecimento sobre o assunto por parte dos comunistas, que enquadraram o assunto em palavras de ordem genéricas e que remeteram ao exemplo soviético.

Já com respeito ao item do programa que tratava da classe média, apresentou-se aí em relevo um dos temas fundamentais da política dos comunistas desde 1925. Embora sem detalhes, há no final do programa uma frase em que se afirma o apoio aos "revoltosos de Copacabana, S. Paulo e Coluna Prestes", mas alude-se a críticas aos "desvios dos elementos direitistas". No entanto, o fato de dirigir-se ao segmento social do qual procediam muitos dos "tenentes" e no qual possuíam um relevante apoio e simpatia mostra que o PCB ainda manifestava alguma resistência, embora velada, às observações de seus críticos. Apesar do modo cuidadoso com que as relações com a classe média foram tratadas, é possível notar aqui ao menos um ponto em que mandaram uma mensagem aos "tenentes".

Depois de afirmar-se que a classe média "rigorosamente não forma uma classe", o programa do BOC dedica-se a descrever o perfil profissional de seus componentes (incluindo, obviamente, tenentes e capitães...) e a enfatizar o processo de proletarização a que estariam sendo submetidos. Como resultado dessa visão, o programa do BOCB destacou que a principal luta da classe média seria contra a classe capitalista, deixando subjacente a questão da aliança com o proletariado. Diante tal quadro, foram apresentadas reivindicações propondo redução de impostos e aluguéis e incentivos para a construção de casas para os membros da classe média. A propósito da questão da propriedade da classe média, o programa do BOCB afirmava:

> O governo operário e camponês (o governo das massas laboriosas) não confiscará as casinhas dos subúrbios, o lote do camponês pobre, a lojinha, a quitandinha, a pequena oficina – as pequenas propriedades em geral – nem os objetos de uso pessoal, indispensáveis à manutenção e à reprodução.

Ao deixarem claro, como o também faziam expressamente no programa com relação ao confisco das casas dos grandes proprietários, ao confisco e à nacionalização das terras dos grandes proprietários e à encampação das "empresas imperialistas", que não iriam tomar as propriedades daqueles setores sociais que deram origem e apoio aos "tenentes", os comunistas procuravam, sem dúvida, aproximar-se destes e até talvez dirimir alguma confusão no sentido de que sua proposta de confisco de propriedades fosse atingir a classe média.

Outra questão importante definida no I Congresso do BOC foi a escolha dos candidatos da legenda. Manteve-se a orientação de apresentar "candidaturas operárias" e para o cargo de presidente e vice optou-se por deixar isso cristalino por meio da escolha dos nomes do marmorista Minervino de Oliveira e do ferroviário Gastão Valentim Antunes. Era a primeira vez na história do Brasil que trabalhadores disputariam esses cargos.

Já com respeito aos candidatos a deputado e a senador – definidos somente para o Distrito Federal – definiu-se o nome do estivador Phenelon José Ribeiro Martins para senador e para deputados federais foram escolhidos o gráfico Mário Grazzini e o secretário-geral interino do partido, o jornalista e advogado Paulo de Lacerda. O Congresso deixou aos demais Estados a incumbência de defini-los posteriormente, havendo um pouco mais de maleabilidade no que se refere ao seu perfil social. Tanto é assim que nos outros sete Estados onde o BOCB teve candidatos apresentaram-se advogados, jornalistas e comerciários, além de gráficos, metalúrgicos, pedreiros, pintores, trabalhadores de charque, alfaiates e padeiros.

Em Moscou decide-se o fim do BOC

De 22 de outubro a 5 de novembro de 1929, quase ao mesmo tempo em que ocorreram o III Pleno do PCB e o I Congresso do BOCB, aconteceram várias reuniões, na sede da IC em Moscou, tratando da questão do Brasil. Realizadas pelas manhãs no âmbito do Secretariado da América Latina da Internacional Comunista, delas participaram os brasileiros que estavam na URSS, os membros do Secretariado e convidados (entre eles Dimitri Manuilsky, um dos principais dirigentes da IC e porta-voz do Partido Comunista da União Soviética na IC), ficando em seu centro Astrojildo Pereira, que se encontrava em

Moscou desde 15 de abril para ocupar seu cargo de membro suplente do CEIC, para o qual fora eleito no VI Congresso.

A primeira dessas reuniões, na qual também foi distribuído um alentado dossiê sobre a atividade do PCB no último período, iniciou-se com um longo informe de Astrojildo Pereira sobre a situação político-econômica do Brasil e a atuação do PCB. Nele, Pereira afirmou que a crise econômica que o país atravessava, das quais as greves que ocorriam no Brasil eram um importante sintoma, era decorrência das políticas de valorização do café e de estabilização monetária postas em prática pelo governo Washington Luís. Já no campo político, as mesmas greves eram interpretadas pelo relator como um rápido processo de "radicalização das massas". Esse fenômeno também podia ser comprovado pela crescente influência do PCB nos dois últimos anos, passando Pereira a relatar as diversas atividades do partido no último período e que já mencionamos em páginas anteriores. Para o comunista brasileiro, enfim, a repressão contra o PCB, os sindicatos e o BOC, a penetração do órgão oficial do PCB, *A Classe Operária*, e as atividades das organizações influenciadas pelo partido eram a "prova mais séria que a influência do partido cresce a cada dia". Já como o ponto mais fraco do PCB, Astrojildo Pereira apontou a falta de influência do partido entre os camponeses e os trabalhadores agrícolas.

Astrojildo Pereira também tratou da questão da sucessão presidencial apresentando a visão de que as causas que deram origem às candidaturas de Júlio Prestes, apoiado pelo imperialismo inglês, e Getúlio Vargas, apoiado pelo imperialismo americano, eram as diferentes opções de cada grupo na aplicação da política de valorização do café e da de estabilização monetária. Com base nesse quadro, Pereira informou que a posição dos "tenentes" era oscilante entre o proletariado e a "Aliança Liberal", mostrando a falta de "uma atitude firme e conseqüente", própria da pequena burguesia. Quanto ao PCB, este, desde o início, tomou posição contra ambas as candidaturas por meio da imprensa e de atividades de massa e também por meio de seus dois intendentes.

Quanto às relações entre os comunistas e os "tenentes", Pereira relatou aos membros do Secretariado da América Latina da IC que as negociações com Luiz Carlos Prestes para examinar as possibilidades de uma candidatura comum "não deram grandes resultados". Mesmo assim, os comunistas consideravam e queriam "conquistar o apoio desses revolucionários" e o faziam, tanto por meio de negociações secretas com os "chefes" como pela agitação na imprensa e por atividades públicas.

Pereira concluiu seu informe afirmando que a efervescência política daquele momento tinha conseqüências diretas na luta interimperialista anglo-americana que se desenrolava na América Latina, o que dava ao PCB o direito de pedir à IC e aos partidos comunistas latino-americanos, dos Estados Unidos e da Inglaterra uma "ajuda verdadeiramente eficaz e urgente".

Nos debates sobre o informe de Pereira que ocorreram ao longo daqueles dias, a política do PCB foi submetida a pesadas críticas. Na intervenção do letão Abraham Iakovlevitch Heifetz (Guralski), que algum tempo depois iria dirigir o SSA-IC, o tom subiu. Depois de afirmar que o Brasil começava a ter um papel importante para a IC na América Latina, Heifetz declarou, no entanto, que os erros do PCB eram semelhantes aos dos partidos comunistas latino-americanos. O principal deles era a falta de uma concepção clara a respeito do que era a revolução democrático-burguesa e o papel dos partidos comunistas nela, o que os conduzia a ver os partidos comunistas, embora atuantes no processo revolucionário, caudatários da pequena burguesia, quando se deveria dar o contrário.

Dias depois foi a vez do búlgaro Stoïan Minev (Stepanov), figura muito próxima de J. Stalin, que fez aquela que pode ser considerada a mais dura intervenção contra o PCB. Admitindo haver no Brasil uma série de elementos e condições para uma situação revolucionária que poderia se tornar aguda, Minev afirmou que reinava a mais completa confusão nas fileiras do PCB. Para ele, os comunistas brasileiros haviam se deixado "hipnotizar pelos acontecimentos da China", não conseguindo tirar todas as conseqüências do que lá acontecera. Para exemplificar tal confusão, Minev passou a citar vários trechos de textos de Octavio Brandão, "teórico reconhecido do partido", como fazia questão, sarcasticamente, de destacar a cada citação, e de outros documentos do PCB a fim de mostrar, como, nas relações que dali eram definidas com a pequena burguesia, o proletariado aparecia como um auxiliar que, a rigor, apoiando ou não a pequena burguesia, tinha um papel sempre secundário.

Em sua opinião, se o PCB não possuía uma idéia clara a respeito de suas "tarefas mais elementares sobre as questões mais importantes", o mesmo se podia dizer a respeito de sua direção política sobre o BOC. Para Minev, o BOC acabou produzindo uma aliança ideológica e orgânica com a pequena burguesia, mas que, dado o baixo nível político e ideológico do PCB, na verdade, resultou em um segundo partido. Para o búlgaro era uma situação grave perante a qual os comunistas deveriam tomar uma posição firme. Era preciso definir se o centro de sua atividade política era o partido ou o BOC. Para concluir, Minev fez um duro balanço da experiência do Bloco:

> Na América Latina vocês, na verdade, não têm verdadeiros partidos comunistas. Nosso Partido Comunista do Brasil, que mostra uma grande atividade, ainda não saiu de seu estado embrionário, ainda não se tornou uma organização de massa, ainda não está ligado com todo o país e nada com os trabalhadores agrícolas. Qual é seu ponto de apoio do ponto de vista social nas cidades e no campo? Existe um ponto de apoio ainda muito falho nas cidades. No campo vocês não têm nada, nem organizações de operários agrícolas etc. O que aconteceu, então? Vocês criaram estas organizações do Bloco Operário e Camponês para servir de cobertura e que servem apenas para fazer eleitoralismo. E toda a experiência aí de vocês até o momento pertence somente ao domínio eleitoral. Esta experiência já é conclusiva. O Bloco Operário e Camponês, onde estão ausentes os camponeses, os impede precisamente de ver a seriedade das tarefas que vocês têm de cumprir no domínio do campo, no domínio da organização dos

operários agrícolas. Ao invés de ir ao campo para criar sindicatos de operários agrícolas, comitês de luta, ao invés de lhes mostrar a necessidade da revolução agrária, ao invés de lhes falar dos SOVIETES OPERÁRIOS E CAMPONESES, vocês apenas lhes falam do "Bloco Operário e Camponês". E nosso "Bloco Operário e Camponês" permanece uma formação eleitoral das cidades. Nos últimos documentos vemos que tudo depende das eleições: se as massas votarem no Bloco Operário e Camponês, tudo está certo. Seu BOC serve de cobertura a vocês contra a polícia, mas ele cobre, esconde o Partido Comunista das massas, ele aprisiona vocês, ele impede vocês de fazer um trabalho sério e efetivo para a preparação da revolução democrático-burguesa. O Bloco Operário e Camponês conduz vocês aos "salões do eleitoralismo", ele conduz vocês ao parlamento e impede vocês de arrastar as massas camponesas, ele impede vocês precisamente de fazer a preparação política das massas para executar a revolução democrático-burguesa; ele impede vocês de guiar essa revolução, de obter a hegemonia do proletariado nessa revolução. Com o Bloco Operário e Camponês vocês praticam eleitoralismo, travam conversações com Prestes e a tarefa principal, isto é, a preparação ideológica e política séria das massas operárias e camponesas para fazer a revolução democrático-burguesa, esta vocês não a realizam.

Embora não tão agressiva como aquela que o antecedeu, a intervenção de Jules Humbert-Droz foi também bem crítica em relação ao PCB. No entanto, o tom da crítica feita pelo suíço tinha um caráter mais propositivo. Nesta forma de abordagem mais positiva, é importante compreender que, por detrás dela, havia uma questão que não possuía relação diretamente com o debate em questão: Humbert-Droz era um notório partidário das posições de N. Bukharin, e aquelas reuniões sobre a "questão do Brasil" eram também palco de um combate subterrâneo entre o seu grupo e o dos apoiadores de J. Stalin, então majoritários, mas ainda não hegemônicos. Desse modo, Humbert-Droz, ao fazer um balanço do BOC, embora concordando com uma série de questões levantadas pelo búlgaro, por exemplo, deu uma estocada em Minev, quando afirmou:

> Agora, algumas palavras sobre o Bloco Operário e Camponês. Sobre este ponto não estou de acordo com tudo o que Stepanov disse. Acho que colocar a questão como ele o fez, opondo uma ação ampla de massas à ação interna do partido é um erro... Se fizermos isso teremos pequenas seitas e nem todas comunistas. Nossos partidos cometem erros na ação de massa, mas eles aprendem por meio de seus próprios erros ... Se considerarmos a política do Bloco Operário e Camponês do Brasil, vemos que ele teve desvios em parte corrigidos e neste momento muitas coisas precisam ser corrigidas e combatidas, mas se fizermos um balanço, podemos dizer que este balanço é negativo? Eu não acho; acho que a ação do Bloco Operário e Camponês do Brasil colocou em contato o pequeno grupo de camaradas que forma o Partido Comunista do Brasil com a massa. Por meio da ação do Bloco, por meio de seus erros, o partido adquiriu uma experiência política, ele se tornou um partido e acho que sem o Bloco Operário e Camponês a CGT não teria sido criada, não teríamos as demonstrações de Primeiro de Maio.

O que Humbert-Droz, em acordo com a posição defendida por Bukharin — que sustentava a existência de uma estabilidade relativa do capitalismo —, punha em questão era a onipresença de situações revolucionárias em escala planetária sustentada pelos partidários de Stalin, para os quais a estabilidade relativa não mais existia. Por isso, Humbert-Droz afirmou que no Brasil não havia impulso revolucionário suficiente para que fosse colocada a "questão da tomada do poder como uma tarefa imediata".

Nessa discussão envolvendo Humbert-Droz e Minev e outros, já se notava que, no interior da IC, o controle por parte da facção de Stalin progressivamente caminhava para o jesuítico "crê ou morre", definitivamente instaurado em meados dos anos de 1930, quando os adversários de Stalin passaram a ser eliminados fisicamente. Nas sessões sobre a situação brasileira, isso pôde ser percebido por meio da intervenção do alfaiate brasileiro e estudante da Escola Leninista da IC, Heitor Ferreira Lima. O jovem alfaiate, também simpatizante de Bukharin, intervindo após Humbert-Droz, resolveu simplesmente enfrentar de "peito aberto" Minev e a máquina da IC. Afirmou que considerava falta de seriedade exigir do PCB que colocasse em prática as resoluções do 10º Pleno do CEIC, coisa que não havia sido sequer feita na Escola Leninista. Além disso, acreditava que a discussão sobre o Brasil deveria ter sido feita mais cedo: "É muito ruim que ela tivesse se retardado tanto e se o PCB cometeu erros, foi um pouco em conseqüência da falta de diretivas da IC"

Lima foi mais além e insinuou que Minev, fazendo uma "crítica unilateral" e um "terrível amálgama", havia manipulado o uso das citações em sua intervenção. Com referência ao BOC, afirmou que, em razão dos aspectos positivos já destacados por Humbert-Droz, não era possível fechá-lo do dia para a noite. Além disso, acreditava ainda ser possível corrigir a totalidade dos erros apresentados pelo BOC. Em seguida, Minev pediu a palavra para responder a Lima e, antes de expressar suas divergências com o estudante brasileiro, ameaçou:

> Estou espantado que, ao invés de tomar a sério as críticas que fizemos aqui, o camarada Silva [Heitor Ferreira Lima] busca esquivar-se um pouco delas e fazer um discurso de defesa de uma causa dificilmente defensável, sobretudo quando se é aluno da Escola Leninista.

Na sessão seguinte, no dia 27 de outubro, Lima pediu a palavra: "para explicar o sentido de minha última intervenção, porque acredito que os camaradas não a compreenderam". Nessa fala acabou por voltar atrás em seus posicionamentos expostos três dias antes.

Essa intervenção de Lima foi antecedida pela do responsável do Secretariado da América Latina da Internacional Comunista, o italiano Ruggero Grieco (Garlandi). Grieco, ao afirmar que as discussões sobre o Brasil, na verdade, serviam para referenciar a todos os partidos latino-americanos, disse que o debate serviu para deixar claro que a tarefa de conduzir a revolução democrático-burguesa pertencia exclusivamente ao proletariado revolucionário e que esta teria de ser conduzida contra a burguesia brasileira. Para Grieco, era importante a luta dos comunistas pela conquista da hegemonia no movimento para colocar-se à frente da revolução democrático-burguesa. Além disso, o italiano afirmava que a hegemonia também era uma questão de relações entre organizações políticas, mas acreditava que a constituição de uma organização permanente ou de um partido operário camponês era um erro em qualquer país e não apenas no Brasil. Assim, referindo-se ao BOC, o secretário para a América Latina da IC propunha claramente sua extinção:

> Neste momento devemos conduzir no Bloco uma política que nos permita liquidá-lo, em sua forma atual, após as eleições presidenciais e com os melhores resultados para o nosso partido. Devemos tentar liquidar o Bloco reforçando todas as posições que temos nas organizações camponeses e nos comitês camponeses que devemos começar a criar imediatamente.

Por fim, Grieco propôs que a discussão se convertesse em uma resolução, que deveria conter uma apreciação da situação do país, uma crítica aos principais problemas do PCB e concluir em um conjunto de diretivas concretas. Era desse modo que Grieco considerava que a IC poderia responder ao apelo feito por Astrojildo Pereira em seu informe inicial.

Na reunião seguinte, realizada em 5 de novembro, discutiu-se o projeto de resolução proposto por Grieco, redigido por este e por Heifetz. Nele foram acatadas as críticas formuladas ao PCB e à sua orientação política, e o Secretariado da América Latina da Internacional Comunista aprovou o documento. No caso do BOC aceitou-se a proposta de Grieco de liquidá-lo em sua forma atual

A CLASSE OPERÁRIA VAI AO PARLAMENTO   155

e após as eleições, pois não se deveria abrir mão da oportunidade de agitação que elas propiciavam naquele momento, e substituí-lo por comitês de ação. No entanto, como o próprio Grieco afirmou, não havia clareza de como estes seriam, mas "a questão se colocará da parte dos camaradas do Brasil e devemos responder-lhes".

Ao final das reuniões, os brasileiros estavam prostrados ao verem anos de trabalho sendo demolidos pela saraivada de críticas a que foi submetido o PCB. Um dos participantes da reunião, Heitor Ferreira Lima, expôs em suas memórias o estado de espírito dos militantes comunistas brasileiros presentes e, com certeza, de muitos dos que tomaram ciência posteriormente do que se desenrolara em Moscou:

> Fomos acusados de orientar toda a tática e estratégia do PCB na espera da "terceira revolta", colocando-nos desse modo a reboque da pequena burguesia; de menosprezarmos as reivindicações específicas do proletariado; de abandonarmos a questão camponesa, esquecendo a reforma agrária e a aliança dos operários com os trabalhadores dos campos; de escondermos o Partido atrás do Bloco Operário e Camponês; de não cuidarmos devidamente da formação de um PCB independente, à altura das necessidades nacionais; de não nos preocuparmos com os problemas dos negros e dos índios, enfim de adotarmos uma política pequeno-burguesa, contrária ao leninismo e às recomendações da IC. Em resumo: fomos totalmente arrasados na ideologia e na ação prática que seguíamos.
>
> Tal contestação, em forma tão severa, nos deixou, a nós brasileiros, perplexos, atônitos, quase aniquilados, pois eram esforços, trabalhos e sacrifícios de tantos anos que víamos desmoronar irremediavelmente, ante nosso espanto e inconsciência, como se o mundo viesse abaixo. Foi uma espécie de desilusão. Não podíamos deixar de reconhecer, porém, que naquela análise aguda e forte havia muito de verdadeiro, embora contivesse também muito exagero e, além disso, ser feita sem contemplação alguma pelas nossas boas intenções e pelo lado bom do trabalho até então realizado. Era uma crítica insólita, um tanto parcial, tornando-nos um pouco confusos, num entrechoque violento de idéias que escaldavam nossas cabeças.

O Secretariado da América Latina também aprovou a volta de Astrojildo Pereira ao Brasil para "ajudar o partido na preparação da campanha eleitoral", ficando em seu lugar, como representante do PCB junto à IC, Heitor Ferreira Lima. Ou seja, Pereira foi enviado na frente da resolução para buscar a implementação das decisões definidas nas reuniões em Moscou e "preparar" o terreno para que as modificações definidas em Moscou não caíssem no Brasil como um raio em céu azul.

Enquanto Astrojildo Pereira chegava ao Brasil no início de 1930, o projeto de resolução elaborada no Secretariado da América Latina da Internacional Comunista foi aprovado pela Comissão Política do Secretariado Político do CEIC apenas em 8 de fevereiro de 1930 e a resolução final chegou ao Brasil depois das eleições de 1º de março, mas foi somente tornada pública pelo número de 17 de abril de 1930 de *A Classe Operária*.

No início de março, o Comitê Central do PCB recebeu um "resumo telegráfico" contendo apenas diretivas e palavras de ordem do documento aprovado pelo Secretariado Político do CEIC. Especificamente em relação ao BOCB, o telegrama apenas ordenava que o seu programa fosse modificado em conformidade com essas novas diretivas e palavras de ordem. Com esse "resumo" em mãos, e já presente Astrojildo Pereira, o Presidium do Comitê Central discutiu-o e aprovou uma resolução na qual constatava como justas as críticas e os erros apontados pela IC e que eles decorriam fundamentalmente "de sua incompreensão do caráter democrático-burguês da próxima etapa da revolução brasileira (revolução agrária e antiimperialista)".

Com respeito ao BOCB, reafirmou-se sua condição de "segundo partido operário que não faz uma política revolucionária conseqüente" e que substituiu o PCB. Embora não falasse expressamente em dissolução do BOCB, o documento propunha que o PCB deveria ser o "único" partido revolucionário, o que, nos meandros comunistas, deixava clara a decretação de sua extinção.

A campanha presidencial de 1930

Marcando o lançamento das suas candidaturas e o início da campanha eleitoral, o BOCB anunciou que a sessão solene e pública de encerramento do seu I Congresso se realizaria no dia 6 de novembro. A polícia, como não possuía informações de que aquele seria apenas o ato de encerramento do Congresso, acreditava estar impedindo sua concretização. Assim, às 19h30, a casa de Octavio Brandão, local indicado para o acontecimento, foi cercada pela polícia. À imprensa, a polícia forneceu uma relação com o nome de 58 pessoas que foram presas durante a ação. O delegado da polícia política carioca, o 4º delegado auxiliar Oliveira Ribeiro, em entrevista à imprensa, alegou que a ação fora desencadeada por ter sido uma reunião ilegal, na qual estariam presentes "elementos reconhecidamente subversivos". Além disso, justificou a ação contra os comunistas apenas como uma "operação de inteligência".

No dia seguinte, foi realizado um comício com o objetivo de comemorar o aniversário da Revolução Russa e tornar públicas as candidaturas do BOCB. Com o policiamento postado na Praça Marechal Deodoro, defronte o prédio do Conselho Municipal, o comício foi aberto por Minervino de Oliveira. Em seu discurso, o intendente protestou contra a ação da polícia política na véspera e falou sobre a Revolução Russa, concluindo-o com o anúncio dos nomes dos candidatos do BOCB escolhidos durante o I Congresso. Ao se dar conta, com o anúncio dos candidatos, de que o Congresso havia sido realizado, a polícia ficou furiosa por ter sido ludibriada pelos comunistas e, pretextando a ocorrência de "um tumulto provocado por um aparte de um ouvinte", dissolveu o comício violentamente. Foram presas 43 pessoas e feridas três, sendo duas à bala. Entre os presos, estavam os dois intendentes.

Com a candidatura de Minervino de Oliveira a presidente da República e candidatos definidos e apresentados nos Estados do Ceará, Espírito Santo, Paraíba, Pernambuco, Rio Grande do

Sul, Rio de Janeiro e São Paulo e no Distrito Federal, o BOCB lançou-se à campanha. No entanto, como resultado da orientação vigente de "ação descoberta e revolucionária" que os militantes do PCB deveriam adotar, o que, na prática, resultou em alimentar conflitos com a repressão, a campanha do BOCB acabou sendo mais uma sucessão de prisões, de dissoluções de comícios e de outras arbitrariedades da repressão do que um movimento de agitação, disputa de idéias e difusão de posicionamentos.

Além de atingirem a militância e a propaganda, os atos da repressão desencadeada contra os comunistas afetaram a estrutura do trabalho eleitoral. Assim, o alistamento eleitoral viu-se completamente paralisado em razão das constantes invasões realizadas pela polícia nas sedes do BOCB e em seus núcleos regionais, pois, de um lado, resultavam na destruição ou no confisco da documentação e, de outro, acabavam simplesmente afastando o eleitorado, tanto pela incerteza de poder encontrá-las em funcionamento como pelo simples receio de sofrer alguma arbitrariedade. As violências desorganizaram a "boca de urna": o BOCB não conseguiu nomear fiscais, as cédulas eleitorais foram distribuídas às vésperas das eleições, cartazes deixaram de ser distribuídos e colados, não se fez distribuição de material nos locais de trabalho. Observe-se que os fatos referidos retratam apenas o que ocorreu no Distrito Federal, onde o BOCB era mais bem constituído nesse sentido, não sendo difícil, portanto, imaginar-se o que se passou em outras localidades.

Foi um pleito bastante acirrado, mas, como já era de se esperar, a vitória coube ao candidato situacionista Júlio Prestes de Albuquerque, e, como de hábito, a fraude campeou livremente de ambos os lados. Estimava-se que no Brasil de 1930 vivessem 40.158.925 habitantes, dos quais 2.941.778, ou seja, 7,32%, formavam o eleitorado. Às eleições de 1º de março de 1930, um sábado, compareceram 1.900.256 eleitores, o que correspondia a 64,59% do corpo eleitoral total e 4,73% da população estimada do Brasil. Dito de outro modo, 35% dos eleitores não compareceram às urnas. O resultado final, proclamado pela Mesa do Congresso Nacional em 20 de maio de 1930, indicava que Júlio Prestes recebera 1.091.709 votos válidos (57,44%), Vargas obtivera 742.794 (39,09%) e 65.753 (3,47%) haviam sido anulados. Como se sabe, as fraudes tornavam esses números pouco confiáveis, mas, mesmo assim, refletiram a disputa que efetivamente ocorrera.

Com relação à votação dos candidatos a presidente e a vice do BOCB, não existem números precisos, embora os documentos do PCB da época falem em três ou quatro mil votos. No entanto, tais números são, na verdade, o resultado da soma dos votos dos candidatos majoritários com os dos proporcionais. Recorde-se, inclusive, que a sistemática de votação da época para os candidatos proporcionais apurava múltiplos votos para estes, enquanto os majoritários recebiam apenas um voto.

Com base nos pareceres das comissões especiais de apuração do Congresso Nacional, Minervino de Oliveira e Gastão Valentim Antunes receberam, respectivamente, 720 e 689 votos. Cumpre esclarecer que nos pareceres enfocava-se predominantemente a votação de Júlio Prestes e de Getúlio Vargas e seus vices. Assim, enquanto em alguns relatórios de comissões foram discriminados os votos dados a Minervino de Oliveira e a Gastão Valentim Antunes, em outros a votação dos candidatos do BOCB foi incluída nas fórmulas "e outros menos votados", "diversos" etc., fato este que assinalamos na tabela a seguir por meio da sigla "DV". Embora não acreditemos em alterações muito significativas, cumpre esclarecer que nos Estados de Alagoas, Bahia, Minas Gerais, Paraíba, Pernambuco, onde havia núcleos do BOCB, certamente houve votos para os candidatos Minervino de Oliveira e Gastão Valentim Antunes que não foram discriminados pelas comissões do Congresso Nacional. De qualquer modo, os dados da tabela mostram um total de votos muito próximo ao efetivamente recebido pelos candidatos majoritários do BOCB.

Tabela 1: Votação dos candidatos majoritários do BOCB nas eleições de 1º.3.1930

Estado	Minervino de Oliveira	Gastão V. Antunes
AL	DV	DV
AM	1★	0★
BA	13 + DV	5 + DV
CE	58	59
DF	534★★	515★★
ES	22	12
GO	0	0
MA	6	6
MG	DV	DV
MT	0	0
PA	0	0
PB	DV	DV
PE	DV	DV
PI	0	0
PR	0	0
RJ	58	62
RN	0	0
RS	0	0
SC	0	0
SE	0	0
SP	28 + DV	30 + DV
TOTAL	**720 + DV**	**689 + DV**

Fonte: Diário do Congresso Nacional, Rio de Janeiro, 21.5.1930, p.535-69; A Luta de Classe, Rio de Janeiro, n.1, 8.5.1930, p.3.

★Octavio Brandão também recebeu dois votos para presidente e vice.

★★Os números aqui foram extraídos de A Luta de Classe, pois o relatório da Comissão incluiu a votação do BOCB em Diversos (DV).

A composição das delegações presentes ou representadas no I Congresso do BOCB indicava a existência de núcleos em doze Estados, ao passo que as apurações deram-lhe votação em oito unidades da Federação, das quais cinco tiveram representação no I Congresso. Assim, em tese, o BOCB deveria ter tido votos ao menos em mais sete Estados brasileiros, mas em três deles, como se vê na Tabela 1, o resultado do Bloco foi explicitamente nulo. Isso só reafirma a falta de confiabilidade dos resultados eleitorais, pois, atendo-nos apenas ao caso do Rio Grande do Sul, mesmo que nos acautelemos, e talvez com razão, ante o número de quatrocentos militantes comunistas apresentados em um documento da época, não é possível imaginar que o candidato presidencial do BOCB não tivesse nenhum voto. No caso do Rio Grande do Sul, a imprensa local noticiou os números finais escrutinados pelas juntas apuradoras e que eram praticamente idênticos aos estabelecidos pelo Congresso Nacional e que deram ao candidato situacionista pouco mais de mil votos, número este, no entanto, que o bom senso determina que seja creditado a uma fraude desavergonhada. E, claro, se foi assim com Júlio Prestes, imagine-se com os pobres Minervino de Oliveira e Gastão Valentim Antunes...

A votação obtida nacionalmente pelo BOCB foi inferior à conseguida pelo próprio Minervino de Oliveira no 2º Distrito do Distrito Federal, nas eleições de outubro de 1928 (1.011 votos). Se levarmos em conta a votação total obtida nos dois distritos da capital pelo Bloco em 1928 naquela eleição (1.922 votos) e a compararmos com a obtida apenas no Distrito Federal em março de 1930 (534), veremos que a votação do BOCB ali caiu 72% nesse curto lapso de tempo.

O PCB, em um primeiro balanço, datado de três dias depois das eleições, atribuiu o magro resultado à "reação bestial da polícia política", a qual se pôs a serviço da burguesia, agrupada em uma frente única que reuniu "os conservadores mais ferrenhos e os liberais". Os comunistas julgavam que tal frente única fora agrupada em torno da compreensão, por parte da burguesia, de que o PCB era o único partido revolucionário "capaz de guiar as massas trabalhadoras para a luta e para a vitória". Apesar desse inconsistente triunfalismo, este documento acabou traduzindo a impressão de que a direção estava estupefata com o resultado, mostrando-se incapaz de uma reflexão que fosse além da aqui exposta.

Em 2 de abril de 1930, o Secretariado Político do PCB, em documento enviado ao Secretariado da América Latina da IC, admitiu a derrota, reiterando a influência da repressão nos resultados, além de assinalar, como "ajuda à reação", os ataques desferidos por Maurício de Lacerda e o "silêncio complacente dos 'revolucionários' de 5 de Julho". Além disso, o PCB justificou o fraco desempenho nas urnas como produto de fraude, "que roubou e subtraiu milhares de votos dados aos candidatos do BOC".

Pela primeira vez, no entanto, apontavam-se causas internas como responsáveis por uma campanha "fraca, desordenada, tardia". Além de o PCB ter publicado apenas dois números de *A Classe Operária* entre meados de dezembro e o dia das eleições, a campanha teve poucos comícios, poucos panfletos, cédulas e cartazes:

> A nossa derrota eleitoral se deve, portanto, acima de tudo, à nossa própria debilidade como Partido. Nós não soubemos organizar a luta contra a repressão policial. Fizemos muita agitação verbal, mas não soubemos mobilizar as massas para a luta. Não soubemos combater a tempo e com a necessária energia, dentro do Partido, os elementos oportunistas, que fazem da passividade norma de conduta. O último pleno do CC tomou resoluções acertadas a este respeito, mas estas resoluções na sua maioria ficaram no papel.

Essa análise do Secretariado Político foi a base da avaliação tornada pública pelo PCB nas páginas de *A Classe Operária*, em sua edição de 17 de abril de 1930:

> A coisa é clara. A agravação da crise econômica criou no país uma situação objetivamente revolucionária. As massas, batidas pela miséria, pela exploração e pela opressão, querem lutar contra a miséria, a exploração e a opressão. Falta-lhes organização e direção para a luta. Precisamente esta a razão de ser do Partido Comunista: organizar e dirigir as massas para a luta revolucionária. Ora, o que a reação pretende – e o tem conseguido em parte – é impedir que o Partido

Comunista realize esta tarefa. A repressão visa exclusivamente cortar toda a ligação do Partido com as massas para a luta revolucionária. Seu objetivo consiste isolar o Partido das massas. Daí que a reação não seja mera "violência policial" como supõem muitos. A reação é manobra essencialmente política. Precisamos bem compreendê-la assim para melhor saber combatê-la e vencê-la. É o que não temos feito e muito contribuiu para a nossa derrota nas eleições de 1º de Março.

Uma explicação mais abrangente para os resultados eleitorais foi apresentada, na revista do SSA-IC, *La Correspondencia Sudamericana*, em sua edição de 1º de maio de 1930, em um artigo de Astrojildo Pereira que afirmava que a principal deficiência do PCB nas eleições fora a luta insuficiente entre as massas contra as ilusões da Aliança Liberal e as oscilações da "Coluna Prestes". Tal incapacidade era resultado do "medo de afrontar a luta contra a corrente aliancista nas massas". Além disso, realçou a inaptidão do PCB em opor seu programa pelo governo operário e camponês ao programa reformista dos "tenentes". Concluindo, Pereira destacou que a dependência do PCB em relação às oscilações dos "tenentes" e a incapacidade em realizar um trabalho independente levaram o partido a isolar-se das massas, determinando tais debilidades a sua derrota.

Nessa análise de Pereira, se nos chama a atenção a percepção da tendência à oposição por parte dos trabalhadores, manifestada no voto na Aliança Liberal, e também a conclusão de que o PCB acabara isolado na campanha eleitoral, ainda é mais espantosa a incapacidade de relacionar tal isolamento com a política que orientava o partido.

Em momento algum, Pereira menciona o BOCB, apenas falando em candidatos e votação do PCB. Essa ausência é sintomática. O Bloco não contava mais na política comunista. Tal fato chamou a atenção dos oposicionistas de esquerda brasileiros, em artigo publicado em *A Luta de Classe*, de julho de 1930. Comentando o lançamento da candidatura de Paulo de Lacerda a intendente do Conselho Municipal do Distrito Federal nas eleições suplementares de 21 de junho de 1930, para preenchimento da vaga de seu irmão Maurício de Lacerda, que havia sido eleito deputado federal, o Grupo Comunista Lenin estranhou que ele tenha sido feito pelo Presidium do PCB e não pelo BOCB:

> Quem ler o manifesto fica numa dúvida cruel. Terá o Bloco Operário e Camponês delegado poderes ao Partido Comunista para falar em seu nome? Terá o Partido passado por cima da direção do Bloco? Será que o presídio [*sic*] do partido seja a mesma comissão dirigente do Bloco? Será que o Partido Comunista e o Bloco Operário e Camponês constituem uma única organização com dois nomes diferentes? Para que, porém, os dois nomes?

A morte do BOCB, como o seu nascimento, não deixou uma certidão com dia, mês e ano precisos, foi o resultado de um processo. Todavia, Octavio Brandão, em depoimento dado décadas depois, apresentou o Pleno do SSA-IC, realizado em maio de 1930, em Buenos Aires, como o momento em que se liquidou o BOCB:

> Foi uma discussão horrível. Eu digo: "Mas como?! O Bloco Operário e Camponês nos deu uma vitória e uma organização de massas. Tem sessenta comitês nos sindicatos, nas fábricas. Como é que nós vamos liquidar uma organização de massas?" Ele [Brandão refere-se a Astrojildo Pereira] cumpriu passivamente as decisões do Bureau da Internacional Comunista em Buenos Aires [Brandão refere-se ao SSA-IC], e foi liquidado o Bloco Operário e Camponês.

A rigor, a resolução da IC sobre o Brasil, resultante das discussões travadas em Moscou, poderia ter esse papel de atestado de óbito, mas a morte do BOCB já vinha se processando desde o instante em que começou a ser implantada a política do "Terceiro Período" no âmbito da IC, a qual, pelo seu esquerdismo, se chocava com a política do PCB de aliança com os setores médios da população. Ao mesmo tempo, ainda no terreno da IC, o processo de controle e centralização dos partidos comunistas em escala planetária por parte do grupo stalinista, homogeneizando-os em "tipos de partidos" que tinham de seguir "receitas" de revolução, resultou em um domínio intransigente sobre a orientação política desses partidos. No caso do PCB, essa radicalização levou-o ao isolamento político em relação às correntes políticas com as quais vinha tentando se relacionar e, ao mesmo tempo, produziu um acirramento por parte da repressão policial. Nesse meio tempo, surgiu a Aliança Liberal que acabou se apropriando de algumas das propostas do BOCB, descaracterizando-as, o que acelerou ainda mais seu isolamento. Quando se decidiu em Moscou que o BOCB deveria ser extinto, na verdade, ele já andava próximo disso.

Enfim, era como se, da posição ereta até ficar estatelado no chão, o PCB tivesse passado por uma espécie de "corredor polonês", no qual a IC, o SSA-IC e o governo brasileiro o tivessem surrado até não mais poder, sendo a cena assistida passivamente pelos trabalhadores brasileiros.

7. Um balanço

No início de sua obra *A formação da classe operária inglesa*, Edward P. Thompson narra a organização da Sociedade Londrina de Correspondência, no começo de 1792, por um sapateiro e seus companheiros. O ingresso nessa sociedade requeria o pagamento semanal de um pêni e a resposta afirmativa a três perguntas, uma das quais era: "Você está totalmente convencido de que o bem-estar destes reinos exige que cada adulto, em posse de sua razão e sem impedimento criminal, possa votar para um Membro do Parlamento?".

Entre as atividades exercidas pela Sociedade, estava a promoção de debates que tinham temas como "Nós, que somos artesãos, lojistas e artífices mecânicos, temos algum direito a obter uma Reforma Parlamentar?". Depois de dois anos de atividades, a Sociedade Londrina de Correspondência, uma das primeiras organizações políticas de perfil operário da Grã-Bretanha, foi fechada e seus membros presos e processados sob a acusação de práticas sediciosas. Embora as autoridades insistissem na acusação de alta traição, cuja pena máxima era o esquartejamento, eles acabaram absolvidos. O centro da questão aqui era, como assinala Thompson, o descolamento da completa identificação entre direitos políticos e direitos de propriedade ou, dito de outro modo, a extensão da cidadania política a todos os cidadãos.

Décadas mais tarde, essa questão tomou uma maior amplitude. Karl Marx e Friedrich Engels, depois de mostrarem, no "Manifesto do Partido Comunista", que o proletariado formava uma classe determinada por seu lugar nas relações de produção, propuseram que os operários se organizassem em partido político para a conquista de seus interesses. A organização da classe operária em partido político deixava implícita, na questão da conquista do poder, a expressão dessa classe por meio do sufrágio universal. Entre os seguidores de Marx e Engels, a interpretação a respeito deste último ponto tomou as mais variadas formas, desde considerá-lo de modo absoluto, com os chamados revisionistas, até seu extremo oposto, o da sua completa rejeição em detrimento da conquista do poder unicamente pela via insurrecional.

Já no Brasil, foi somente após o final da Monarquia que se formaram partidos que se intitulavam operários ou socialistas. Mas eram manifestações tênues ou confusões ideológicas, que se misturavam com o positivismo dos fundadores do regime republicano, que não prosperaram entre um imenso contingente de trabalhadores imigrantes e analfabetos, excluídos, além das mulheres, da participação política pelas regras eleitorais. Quem, afinal, acabou tendo influência, de um lado, sobretudo entre sua vanguarda política urbana, foram os anarquistas, que se orientavam pela abstenção político-eleitoral em detrimento da "ação direta", a qual desembocava na "greve geral revolucionária" que daria o poder aos trabalhadores. De outro, encontrava-se um largo contingente de trabalhadores desorganizado politicamente e tutelado pelo que se chamou de sindicalismo reformista, ou "amarelo", como era conhecido. Este, que pautava sua ação por meio de um discurso aparentemente apolítico, vez ou outra apoiava candidatos às eleições, os quais se revelavam, de modo geral, uma decepção para seus eleitores operários. Fato este que, ao final, acabava também por reforçar o discurso abstencionista dos anarquistas.

Foi somente após a Revolução Russa de 1917 e, mais especificamente, com a fundação da Internacional Comunista, que a questão da participação eleitoral foi posta no centro da discussão política da classe operária brasileira, por meio de uma pequena parte dela que se decidiu pela organização e fundação do PCB em 1922. A questão da participação dos trabalhadores nos processos eleitorais e a sua eleição para as casas legislativas do país, a chamada questão parlamentar, foi um ponto importante de diferenciação entre este grupo que se encaminhou para o PCB e os anarquistas que, por simpatia à Revolução Russa, acabaram se aproximando, na verdade, de uma imagem que eles tinham desse acontecimento. Quando puderam melhor visualizá-la, abandonaram-na e passaram a criticá-la.

Durante os primeiros tempos de sua existência, o PCB prosseguiu em seu processo de diferenciação ideológica com o anarquismo, de onde provinha parte significativa de sua liderança e de sua militância. Nesse curso, foi necessário, no que se refere à questão parlamentar, também proceder a uma homogeneização de sua própria militância. Houve algumas tentativas de participação em eleições e de formulação de propostas a serem apresentadas à sociedade que se revelaram infrutíferas por questões conjunturais. A primeira vez em que isso ocorreu foi, em 1925, no município portuário paulista de Santos, onde os comunistas locais, apresentando-se pela legenda da Coligação Operária, tiveram um resultado pífio. No entanto, como todos os atos pioneiros, essa participação deixou uma importante herança: a presença na cena política brasileira dos trabalhadores e suas reivindicações. Estas, em particular, expressavam um acúmulo de anos de lutas do movimento operário brasileiro.

Quase dois anos depois, no início de 1927, o PCB punha em cena o Bloco Operário, nome que já havia sido estabelecido desde 1924 para a organização de fins eleitorais que seria fundada pelos comunistas, mas que somente então pôde vir a lume e que no final do ano passaria a ser denominado Bloco Operário e Camponês (BOC). O que se colocara em termos regionais em 1925 ganhou projeção nacional em 1927. Foi por intermédio do Bloco Operário que, pela primeira vez, o pequeno grupo que então eram os comunistas brasileiros pôde se aproximar das massas operárias e levar-lhes suas propostas. A partir daquele momento, houve um incremento em suas atividades e em sua influência, que se fez, no entanto, acompanhar de uma das causas que determinou, em 1930, o seu fim. Tratava-se da superposição da estrutura de uma entidade de caráter eleitoral legal à de uma organização político-partidária ilegal, o que, por conta da falta de capacidade dos dirigentes comunistas em lidar com esse fenômeno, levou o Bloco a assumir muitas das atribuições que seriam próprias do PCB.

Nesse seu processo de expansão, o BOC teve o importante papel de tirar as reivindicações dos trabalhadores do campo onde até então estavam confinadas, que era o das relações sindicais e trabalhistas, e fazê-las entrar pela primeira vez no espaço político-partidário, para nunca mais dele sair. E embora apresentasse muitas delas sob a denominação de "direitos políticos de classe", denominação resultante da óptica de então, estas eram também reivindicações de cidadania. A presença de pontos clássicos, como o direito de associação, de reunião, de greve, de livre expressão em combinação com questões como o direito de voto às mulheres e aos analfabetos, a universalização do ensino fundamental, disseminação de bibliotecas públicas, legislação trabalhista, previdência pública, ou ainda reivindicações, como licença-maternidade, feiras-livres, saneamento básico, realização de concursos públicos para admissão ao funcionalismo, mostram o amplo leque dos temas tratados e que foram sintetizados, elaborados e defendidos por milhares de trabalhadores. Em sua grande maioria, não foram conquistados naquele momento e algumas nem até hoje, mas a sua expressão mostrava o que, de um lado, almejavam os trabalhadores e, de outro, como a elite política brasileira não conseguia, e, para falar a verdade, não consegue até os nossos dias, estruturar um Estado que funcione para o conjunto dos cidadãos e que revele alguma preocupação que vá além dos seus momentâneos interesses materiais.

O PCB, por intermédio do BOC, tentou agrupar os trabalhadores e suas reivindicações de modo independente, ao mesmo tempo em que buscava alianças com a pequena burguesia para a consecução de seu projeto revolucionário. Esse projeto, inspirado nas concepções de etapas no processo revolucionário em voga na IC, previa inicialmente uma democrática revolução pequeno-burguesa, que agruparia os trabalhadores, dirigidos por sua vanguarda, o PCB. Por sua vez, a pequena burguesia teria a sua vanguarda, os chamados "tenentes" e os setores de classe média a eles ligados. Vitoriosa esta, a ela se seguiria a revolução proletária, dirigida pelos comunistas, e que instalaria um governo dos trabalhadores.

Esse projeto, no entanto, viu-se sob o fogo de fatores políticos externos e internos. Estes últimos se inseriam no processo de derrocada do regime oligárquico brasileiro que desembocou na chamada "Revolução de 1930". Enquanto as forças internas não se definiram em relação à sucessão presidencial e, como conseqüência, aos projetos políticos em jogo, o BOC pôde ter uma certa liberdade de ação. Mas assim que se decidiu qual seria o jogo e que dele os trabalhadores representados pelos comunistas não fariam parte enquanto atores, mas sim como espectadores, tanto situação – esta, na verdade, já bem antes em razão do acendrado reacionarismo e anticomunismo do presidente Washington Luís – como oposição – no caso, Getúlio Vargas e o Estado do Rio Grande do Sul – passaram a desencadear uma violenta reação contra o BOC e o PCB.

Já do ponto de vista externo, é importante citar a influência na mudança de linha na orientação da Internacional Comunista, que passou a adotar, após o seu VI Congresso, realizado em 1928, um curso esquerdista no qual se avaliava que a revolução social, política e econômica estava na ordem do dia em escala planetária. Tal orientação serviu para isolar os comunistas em relação aos interlocutores com os quais vinha desenvolvendo uma política de alianças e serviu também como pretexto para a repressão. Esse curso também fez que os seus parlamentares, Minervino de Oliveira e Octavio Brandão, no exercício de seus mandatos como intendentes do Rio de Janeiro, fossem criticados pelos próprios comunistas pelo fato de apresentarem, entre suas proposições legislativas, propostas visando a melhorias para os bairros pobres em vez de exclusivamente denunciar a burguesia e fazer "discursos revolucionários". Por fim, nesse mesmo aspecto externo, a IC considerou que a política desenvolvida pelo BOC conflitava com a do PCB e obstaculizava a ação deste, o que acabou resultando na determinação de extinção do BOC. Além disso, é preciso também realçar o papel da direção do PCB, inexperiente e sem muita qualificação teórica, e que foi incapaz de fazer frente às imposições da Internacional Comunista e de seu Secretariado Sul-Americano para defender alguns anos de trabalho que resultaram em uma organização que tinha conquistado uma importante adesão popular.

Enfim, dessa combinação de fatores que serviram para isolar e encurralar o BOC resultou o seu fim. No entanto, dessa curta experiência da primeira atuação político-eleitoral do PCB, deve ficar retido e marcado o que também seria e ainda é uma característica marcante dos partidos de esquerda: uma saudável disposição em lutar pela expressão e pelos direitos da esmagadora maioria dos cidadãos brasileiros.

INDICAÇÕES DE LEITURA E ARQUIVOS

Este livro se valeu fundamentalmente da tese de doutorado do autor, *A Esquerda e o Parlamento no Brasil: o Bloco Operário e Camponês (1924-1930)* (São Paulo, Departamento de História da Faculdade de Filosofia, Letras e Ciências Humanas da Universidade de São Paulo, 2001), para a qual remetemos o leitor, tanto para um maior detalhamento da atuação do Bloco Operário como para a leitura dos principais documentos referentes ao tema.

Sobre a legislação eleitoral, existem várias obras, todavia é importante destacar a tese de Rodolpho Telarolli, *A organização municipal e o poder local no Estado de São Paulo, na Primeira República* (São Paulo, Departamento de História da FFLCH-USP, 1981), a qual, embora examine o caso paulista, ainda é um clássico que vale a pena ser consultado.

Quanto aos estudos sobre o PCB, em que pese a abertura dos acervos da Internacional Comunista e das polícias políticas do Brasil, ainda estão por ser feitos estudos de conjunto sobre esse período com base na documentação mencionada. Mesmo assim, para a história do PCB e do movimento operário durante o período aqui tratado, ainda é importante a leitura de uma série de memórias de militantes e personagens dessa história que não perdem sua validade com o tempo: Leôncio Basbaum (*História sincera da República de 1889 a 1930*. Rio de Janeiro: Livraria São José, 1958; e *Uma vida em seis tempos (memórias)*. São Paulo: Alfa-Omega, 1976), Octavio Brandão Rego [com pseudônimo de Fritz Mayer] (*Agrarismo e industrialismo*. Buenos Aires [Rio de Janeiro], s.c.p., 1926 – há uma recente reedição: São Paulo:Anita Garibaldi, 2006; *Combates e batalhas. Memórias.* São Paulo:Alfa–Omega, 1978, v.1; *Memórias.* s.l., s.d., v.2, datil.; *Otávio Brandão (depoimento, 1977).* Rio de Janeiro: CPDOC, 1993, datil.), John W. Foster Dulles (*Anarquistas e comunistas no Brasil.* Rio de Janeiro: Nova Fronteira, 1977), Maurício de Lacerda (*Entre duas revoluções.* Rio de Janeiro: Leite Ribeiro, 1927), Heitor Ferreira Lima (*Caminhos percorridos. Memórias de militância.* São Paulo: Brasiliense, 1982), João Baptista de Azevedo Lima (*Da caserna ao cárcere.* Rio de Janeiro:Typ. S. Benedicto, 1931; *Reminiscências de um carcomido.* Rio de Janeiro: Leo Editores, 1958), Astrojildo Pereira (*Formação do PCB.* Rio de Janeiro:Vitória, 1962), Joaquim Pimenta (*Retalhos do passado.* 2.ed. Rio de Janeiro: Imprensa Nacional, 1949). Também são extremamente relevantes os estudos de Paulo Sérgio Pinheiro (*Estratégias da ilusão – A revolução mundial e o Brasil (1922-1935).* 2ª ed. São Paulo: Companhia das Letras, 1992), Leôncio Martins Rodrigues (O PCB: os dirigentes e a organização. In: Bóris Fausto (Dir.) *História geral da civilização brasileira – O Brasil republicano: sociedade e política (1930-1964).* São Paulo: Difel, 1981. t.III, v.3, p.361-443), Marcos Del Roio (*A classe operária na revolução burguesa – A política de alianças do PCB: 1928-1935.* Belo Horizonte: Oficina de Livros, 1990), Ângelo José da Silva (*Comunistas e trotskistas: a crítica operária à Revolução de 1930.* Curitiba: Moinho do Verbo, 2002) e Michel Zaidan Filho (*Comunistas em céu aberto (1922-1930).* Belo Horizonte: Oficina de Livros, 1989; *O PCB e a Internacional Comunista (1922-1929).* São Paulo:Vértice, 1988).

Em que pesem as abordagens e conclusões distintas, para o chamado sindicalismo "amarelo", destacamos a extraordinária tese de Cláudio Henrique de Moraes Batalha (*Le syndicalisme "amarelo" à Rio de Janeiro (1906-1930).* Paris, Université de Paris I, Panthéon-Sorbonne, UER d'Histoire, 1986), ainda inédita em português, e a dissertação de Michel Zaidan Filho (*Pão e pau: política de governo e sindicalismo reformista no Rio de Janeiro (1923-1926).* Campinas, Instituto de Filosofia e Ciências Humanas da Universidade Estadual de Campinas, 1982).

Quanto às relações entre o PCB e a CSCB, é importante consultar a obra de Maria do Rosário da Cunha Peixoto (*O trem da história. A aliança PCB/ CSCB/O Paiz*. São Paulo: Marco Zero, CNPq, 1994).

Sobre as organizações dos trabalhadores nos primórdios da República, é inevitável o clássico de Ângela de Castro Gomes (*A invenção do trabalhismo*. São Paulo: Vértice, 1988), bem como a interessante dissertação de Marcos Vinícius Pansardi (*Republicanos e operários: os primeiros anos do movimento socialista no Brasil (1889-1903)*. Campinas, UNICAMP – IFCH, 1993).

Com respeito ao anarquismo brasileiro e suas posições referentes à questão parlamentar, a consulta de algumas obras é bastante útil: Pedro Augusto Coelho (Org.) (*Os anarquistas e as eleições*. Brasília: Novos Tempos, 1986), Daniel Guérin (*O anarquismo, da doutrina à ação*. Rio de Janeiro: Germinal, 1968), Erico Malatesta *et alii* (*O anarquismo e a democracia burguesa*. São Paulo: Global, 1979), Sheldon Leslie Maram (*Anarquistas, imigrantes e o movimento operário brasileiro, 1890-1920*. Rio de Janeiro: Paz e Terra, 1979), José Oiticica (*Ação direta*. Rio de Janeiro: Germinal, 1970), Jacy Alves de Seixas (*Mémoire et oubli. Anarchisme et syndicalisme révolutionnaire au Brésil*. Paris: Maison des Sciences de l'Homme, 1992), Giuseppina Sferra (*Anarquismo e anarcossindicalismo*. São Paulo: Ática, 1987) e Edilene Toledo (*Anarquismo e sindicalismo revolucionário*. São Paulo: Fundação Perseu Abramo, 2004).

Para a história da Internacional Comunista, é importante a leitura da obra do historiador francês Pierre Broué (*Histoire de l'Internationale communiste, 1919-1943*. Paris: Fayard, 1997). Trata-se de uma obra de conjunto e que utiliza fartamente documentação proveniente dos arquivos da instituição, abertos na década de 1990, ampliando o conhecimento até então acumulado sobre o tema.

Sobre as relações entre a IC e a América Latina, ainda vale a pena consultar a obra de Manuel Caballero (*La Internacional Comunista y la revolución latinoamericana*. 2ª ed. Caracas: Nueva Sociedad, 1988).

Por fim, é importante a consulta aos rolos de microfilme dos documentos do Arquivo da Internacional Comunista – hoje conservados no Arquivo do Estado Russo de História Social e Política (Rossiiskii Gosudarstvennii Arkhiv Sotsialnoi i Politicheskoi Issledovanii – RGASPI) – sobre a história do Partido Comunista Brasileiro e das seções brasileiras das organizações revolucionárias internacionais, relativos ao período de 1922 a 1939, separados a pedido do Comitê Central do então Partido Comunista Brasileiro, que podem ser consultados em cópias depositadas no Arquivo Edgard Leuenroth da Unicamp, em Campinas, e no Centro de Documentação e Memória da Unesp (Cedem), em São Paulo.

Também são uma fonte insubstituível e riquíssima os jornais operários conservados pelo Arquivo Edgard Leuenroth, onde também se encontra o Acervo Octavio Brandão, e o Acervo Astrojildo Pereira do Archivio Storico del Movimento Operaio Brasiliano (Asmob), depositado no Cedem, no qual, em especial, a prazerosa leitura da coleção de *A Nação* é indispensável, pela riqueza de detalhes sobre o movimento operário carioca e brasileiro.

AGRADECIMENTOS

É necessário aqui deixar consignado um longo rol de agradecimentos.

À Biblioteca Pública Municipal de São Paulo "John F. Kennedy", e em especial a Mariza Salvietto Gaino; ao Arquivo Público do Estado do Rio de Janeiro, e em especial a Lícia Carvalho Medeiros; ao Arquivo Edgard Leuenroth (UNICAMP); ao Arquivo Público Estadual de Pernambuco "Jordão Emerenciano"; ao CEDEM-UNESP, e em especial a Luís Alberto Zimbarg; ao Departamento de Documentação e Informação da Assembléia Legislativa do Estado de São Paulo, e em especial à sua ex-diretora Maria Helena Alves Ferreira, e aos antigos funcionários da Divisão de Acervo Histórico da Assembléia Legislativa do Estado de São Paulo.

Ao meu saudoso orientador, Professor Edgard Carone, por sua confiança, compreensão e sugestões.

Gostaria de agradecer a vários amigos pelos mais variados tipos de ajuda, todos, porém, imprescindíveis e sobre quem não paira a menor responsabilidade sobre o que se verá adiante: Prof. Dr. Alexandre Fortes (UFRRJ); Álvaro Weissheimer Carneiro, Profa. Dra. Beatriz Ana Loner (UFPel); Christiani Menusier Giancristofaro, Prof. Dr. Dalmo de Abreu Dallari (FDUSP); Prof. Diorge Alceno Konrad (UFSM); Prof. Dr. Fernando Teixeira da Silva (IFCH-UNICAMP); Prof. Dr. José Flávio Motta (FEA-USP); Prof. Marco Aurélio Garcia (IFCH-UNICAMP); Maristela Calil Atalah; Prof. Dr. Roberto Ponge (Letras-UFRS); Profa. Dra. Nara Machado (PUC-RS); Romildo Maia Leite, diretor do Arquivo

Público Estadual de Pernambuco "Jordão Emerenciano", e Profa. Dra. Terezinha Santarosa Zanlochi, diretora do Núcleo de Documentação e Pesquisa Histórica de Bauru (USC).

Aux amis um abraço e um beijo: Airton Paschoa; Clara Ant; Elisabeth Ueta; Glauco Arbix; Leda Paulani; Luís Azevedo; Mauro Belleza; Sandra Ambrósio; Sérgio Rosa;Vagner Pelosini e Vladimir Sacchetta.

Faço os agradecimentos de praxe ao CNPq pela bolsa concedida e sem a qual este trabalho não chegaria até aqui.

Por fim, agradeço imensamente a João Paulo Garrido Pimenta, Andréa Slemian e Joana Monteleone pela confiança nesta aposta.

Sobre o Autor

Dainis Karepovs é historiador e doutor em História pela USP. Autor de *Luta Subterrânea: o PCB em 1937-1938* (2003), *A História dos Bancários: Lutas e Conquistas, 1923-1993* (1993) e *Na Contracorrente da História* (1987, em parceria com Fulvio Abramo) e de vários artigos sobre a história do movimento operário brasileiro publicados no Brasil e no exterior. É pesquisador do Centro de Documentação do Movimento Operário Mario Pedrosa – CEMAP e atualmente coordena o Centro Sérgio Buarque de Holanda – Documentação e Memória Política, da Fundação Perseu Abramo.

Sobre a Coleção

Nos tempos atuais, em que a rapidez, a superficialidade e o imediatismo das comunicações, informações e realizações humanas nos imprimem uma incômoda sensação de vivermos confinados a um "eterno presente", para que serve o estudo da História?

A Coleção *Passado Presente* surge da convicção de que pensar o passado das sociedade é fundamental para pensar também o seu futuro, e com isso transformar o presente. Para tanto, apresenta textos agradáveis e de fácil acesso ao público, elaborados por historiadores profundamente especializados em cada um dos temas tratados.

Os temas são sempre relevantes para a compreensão desse passado, cujas marcas legadas à posteridade nem sempre são tão bem conhecidas.

ESTE LIVRO FOI IMPRESSO EM SÃO PAULO PELA BARTIRA GRÁFICA NO INVERNO DE 2006. NO TEXTO DA OBRA, FOI UTILIZADA A FONTE BEMBO, EM CORPO 10,5, COM ENTRELINHA DE 14,7 PONTOS